LA FORÊT

DE

FONTAINEBLEAU,

Poème en quatre Chants,

SUIVI

DE POÉSIES DIVERSES,

PAR

J. B. Alexis Durand,

MENUISIER A FONTAINEBLEAU.

Flumina amem, sylvasque inglorius.
VIRG.

A FONTAINEBLEAU, chez l'Auteur.

A PARIS, chez DELAUNAY, libraire, au Palais-Royal.

1836.

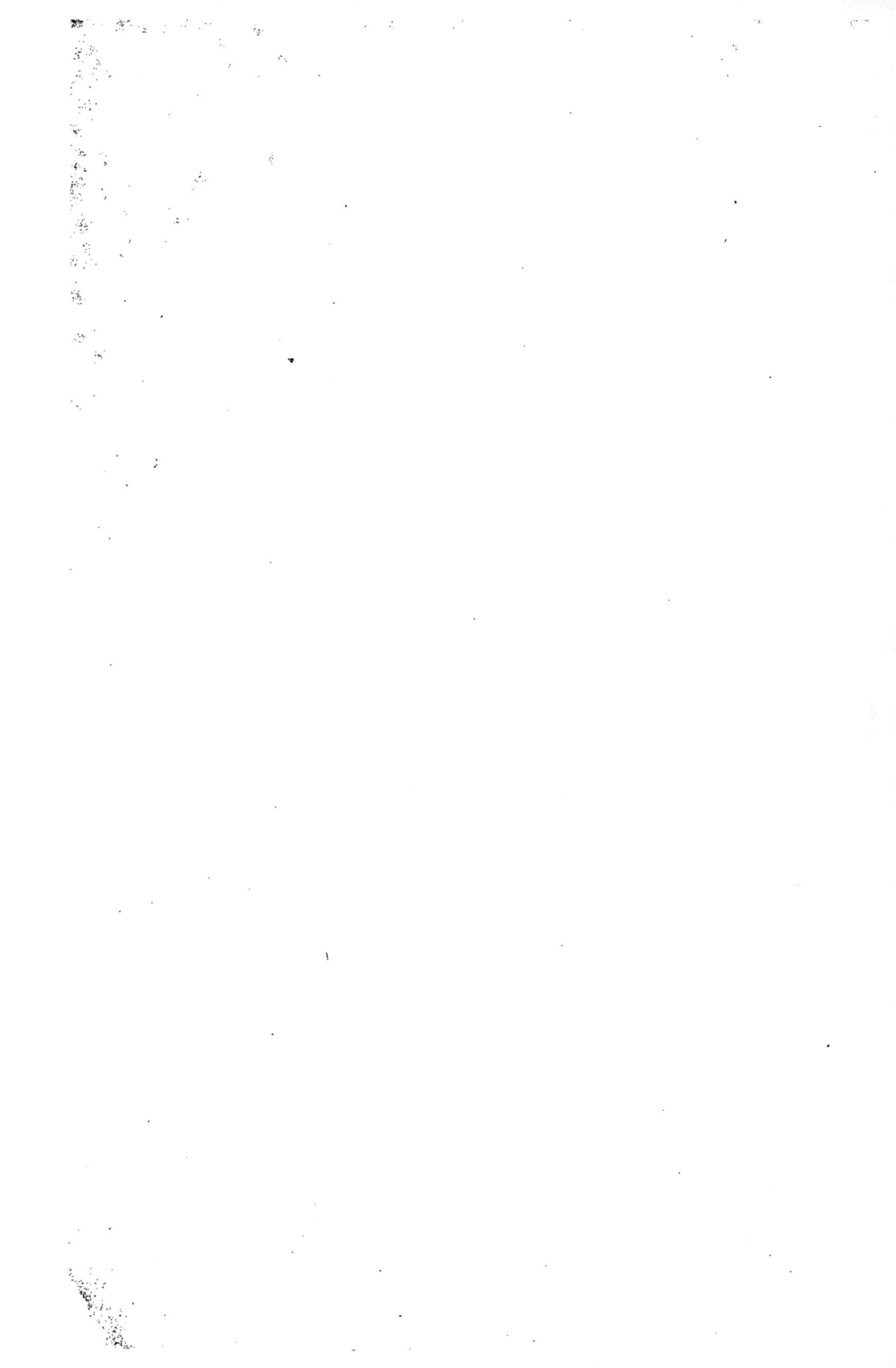

LA FORÊT

DE

FONTAINEBLEAU.

FONTAINEBLEAU, IMPRIMERIE DE E. JACQUIN.

LA FORÊT

DE

FONTAINEBLEAU,

Poème en quatre Chants,

SUIVI

DE POÉSIES DIVERSES,

PAR

J. B. Alexis Durand,

MENUISIER A FONTAINEBLEAU.

Flumina amem, sylvasque inglorius.
VIRG.

A FONTAINEBLEAU, chez l'Auteur.
A PARIS, chez DELAUNAY, libraire, au Palais-Royal.

MDCCCXXXVI.

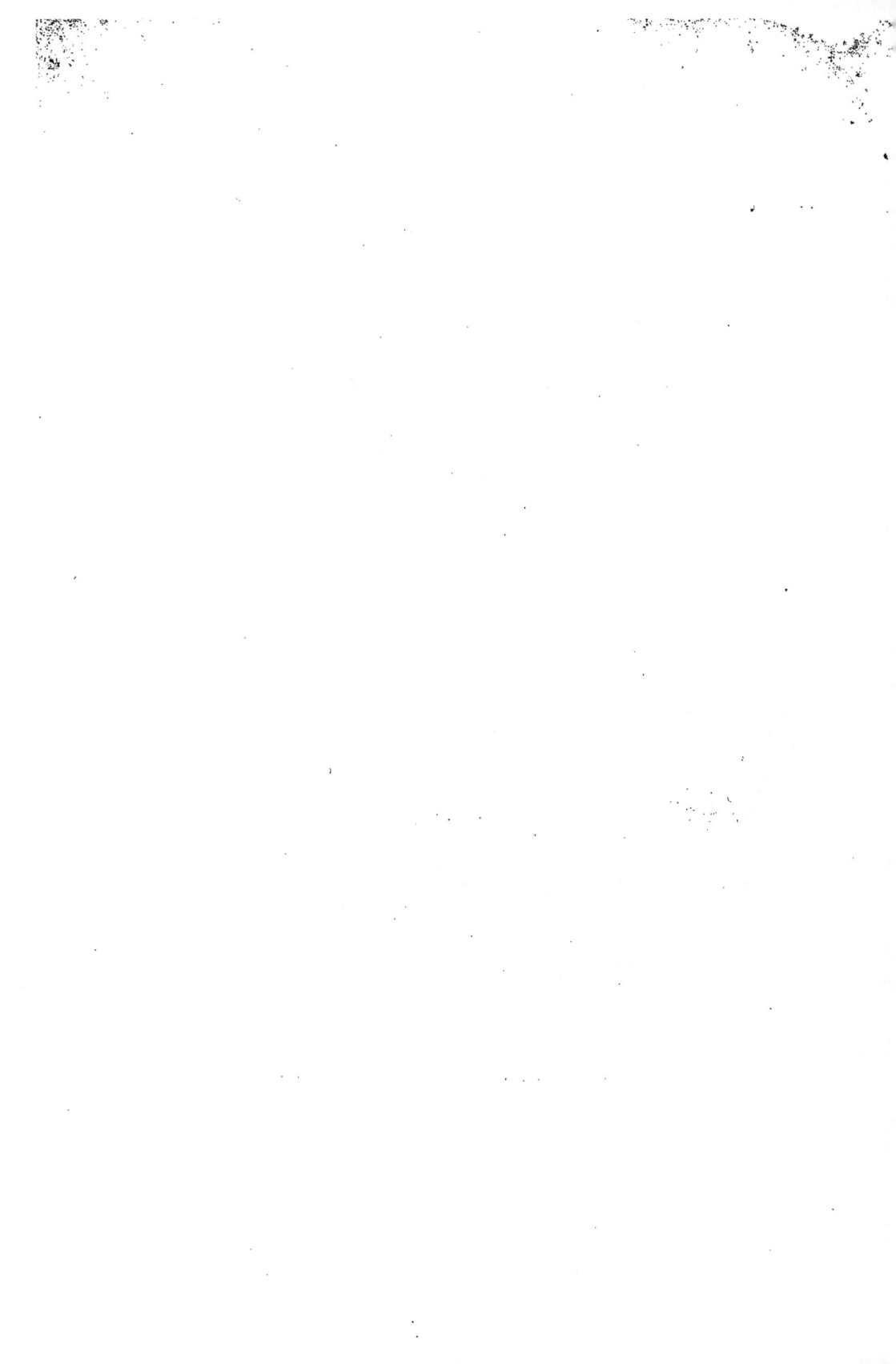

A Monsieur **CLOVIS MICHAUX**,

Membre de plusieurs Sociétés littéraires,

Procureur du Roi à Fontainebleau.

MONSIEUR,

Je cultivais silencieusement la poésie : vous êtes venu me donner confiance et courage; vous avez joint les conseils aux encouragemens; permettez à ma reconnaissance de vous offrir l'hommage de ce Poème, et de le faire paraître sous les auspices de celui qui en a été l'unique confident.

En acceptant ce faible tribut, vous me donnerez une marque d'intérêt qui ne me sera pas moins chère que toutes celles que vous m'avez déjà prodiguées.

Je suis avec le plus profond respect,

MONSIEUR,

Votre très-humble et très-obéissant serviteur,

Durand,

MENUISIER.

PRÉFACE.

∎-◉-∎

A une époque où toutes les nouveautés sont reçues avec indulgence, je me hasarde à livrer ce faible ouvrage à la publicité. Né dans une classe de la société qui ne me permettait pas d'être en rapport avec des personnes en état de comprendre l'enthousiasme de mes sentimens intimes, j'ai éprouvé le besoin de soulager mon cœur en écrivant.

Dans une épître que j'adressai un jour à Maître Adam, mon célèbre confrère, je lui disais :

. . . . Notre verve féconde
En couplets, en rondeaux, en vers malins abonde,
Et jamais nos refrains, maussades ou joyeux,
A l'auguste vertu n'ont fait baisser les yeux.

Fidèle à cette profession de foi, et encouragé par l'accueil dont mon prospectus a été honoré, j'ose me présenter au public avec confiance ; car je n'ai pas

1

chanté des objets étrangers à mes affections. Né avec
le goût de la poésie honnête, j'ai toujours sacrifié à
l'autel de cette chaste divinité. Aussi, après avoir té-
moigné de mon respect pour toutes les vertus néces-
saires à la société, je me suis pris à douter s'il pouvait
s'élever la moindre improbation contre ma résolution
d'écrire.

Puisque j'étais destiné à faire des vers, il fallait bien
commencer par quelque chose. Ce poème est loin
d'être un chef-d'œuvre, je le sais, mais combien de
littérateurs distingués ont débuté par des ouvrages qui
n'étaient pas non plus des chefs-d'œuvre ! Si je n'ai
pas commencé plus tôt, c'est que je ne devais pas écrire
avant d'apprendre à parler.

Je crains de rencontrer quelques censeurs sévères
qui trouveront que, d'ouvrier vouloir tout-à-coup se
transformer en homme de lettres, c'est une transition
un peu brusque : j'en conviendrai, cependant la
chose n'est pas sans exemple, et, puisque je puis
déjà m'énorgueillir d'illustres suffrages, on excusera
sans doute ma témérité.

J'aurais attendu quelque temps encore avant de

publier mon ouvrage, si je n'eusse été engagé à le faire par la personne qui m'éclaire de ses conseils et m'honore de son amitié. Dieu mit la reconnaissance dans le cœur de l'homme, afin que par elle il pût s'acquitter de ses obligations ! . . . . Les ames honnêtes me comprendront sans qu'il soit nécessaire de m'expliquer davantage.

Il existe déjà plusieurs poèmes sur la forêt de Fontainebleau ; je ne les connais point ; ils sont très-courts, dit-on, et n'ont pas été faits par des hommes nés sous ses beaux ombrages, et entièrement dévoués à l'objet de leur culte. Pour moi, qui remplis ces deux conditions, si je suis resté au-dessous de mon sujet, ce n'est pas le zèle qui m'aura manqué ; cette considération doit peut-être me mériter quelqu'indulgence de la part de mes lecteurs.

Quelques observations m'ont été faites sur ce que je ne disais que si peu de chose du château ; j'ai du agir ainsi, puisque mon intention est de chanter cette belle résidence royale, dans un poème historique qui lui sera particulièrement consacré.

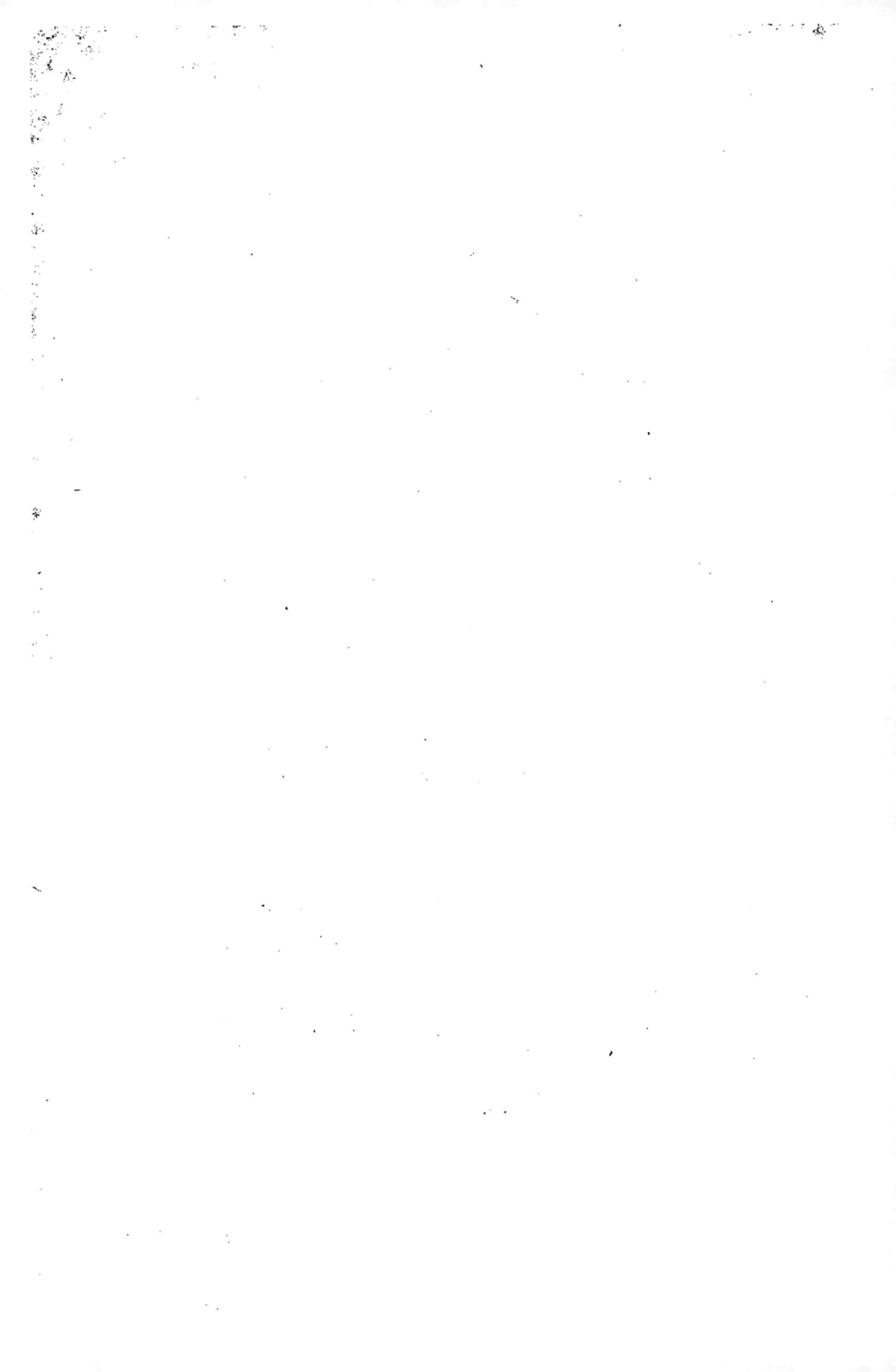

NOTICE

Sur M. DURAND, Menuisier à Fontainebleau,

ET SUR SON POÈME;

Par M. CLOVIS MICHAUX.

M. Durand m'a fait l'honneur de me dédier son poème. Ce témoignage de son estime m'autorise à rendre compte au lecteur, des relations qui se sont établies entre l'auteur et moi. Peut-être le public n'apprendra-t-il pas sans quelque intérêt, les circonstances auxquelles j'ai dû la bonne fortune de révéler un poète à lui-même, ou du moins de lui donner foi dans son talent, dont il n'avait pas l'entière conscience. Le monde ne manque pas de gens qu'on risquerait fort de blesser en les remettant à leur place : en m'efforçant de mettre à la sienne l'auteur du *Poème sur la Forêt de Fontainebleau*, j'ai fait un acte de justice qui, je l'espère, n'a offensé personne. Je me suis donné cette mission comme un plaisir, et je l'ai accomplie comme un devoir.

En 1832, appelé à Fontainebleau par mes fonctions publiques, j'eus occasion, dès les premiers jours de mon arrivée, d'avoir recours à M. Durand, menuisier en cette ville. Cet ouvrier m laissa une opinion très-favorable de son intelligence et de la de

ceur de ses manières. Mais, bien qu'à l'inspection de quelques
ouvrages de ma modeste bibliothèque, il eût hasardé de me parler
de son goût pour les vers, bien qu'il eût même chatouillé mon
amour-propre, en m'assurant qu'il avait lu quelques uns de ceux
dont je fus coupable, j'eus le tort de ne voir en lui qu'un artisan
fort civil, et je ne perçai pas l'enveloppe. Plusieurs fois depuis,
M. Durand me prêta le secours de son industrie; mais ses premières
ouvertures n'eurent pas de suite, et je n'eus garde, je le confesse,
d'en réveiller le souvenir, dans la crainte de subir quelqu'une de
ces perfides confidences, dont l'expérience ne m'avait que trop
appris à fuir le péril.

Nous en étions là, lorsqu'au mois de juin 1835, M. Jamin,
auteur d'une intéressante *Notice* sur Fontainebleau, me fit l'honneur de me demander mon avis sur une pièce de vers, au sujet de
laquelle sa modestie lui persuadait de se récuser comme juge.
Cette pièce lui avait été confiée par M. Durand, menuisier, qui en
était l'auteur. Elle avait pour titre : le *Bouquet du Roi, fragment
d'un Poème sur la Forêt de Fontainebleau.* J'en remis la lecture à
mon premier instant de loisir. Je l'entrepris, il faut encore l'avouer,
avec toute la prévention défavorable qui peut s'attacher au nom
d'un écrivain dont on n'attend rien de bon; et tout le monde me
rendra la justice de convenir que les probabilités étaient de mon
côté. Mais dès le début, je reconnus des vers bien faits; puis,
chemin faisant, je trouvai du nombre, de l'harmonie, des pensées,
du sentiment, des images; c'était de la poésie. Mon émotion croissant de proche en proche avec ma surprise, j'arrivai à la fin du
morceau en jetant un cri d'admiration. Me défiant de mon propre
jugement, je courus faire part de cette impression inespérée, à
l'un des hommes que je connais pour avoir non-seulement le plus
riche fonds de ce qu'on nomme esprit, mais le sentiment le plus

vif et le plus sûr du beau dans les arts. (1) Il lut, admira, et quand il apprit le nom et la profession de l'auteur, il ne put retenir ses larmes. L'épreuve me parut décisive.

On pense bien que je ne tardai guère à me présenter chez l'auteur. Je le trouvai à table, dans son arrière-boutique. *Ce n'est pas au menuisier que j'ai affaire aujourd'hui*, dis-je en entrant, *c'est au poète*. M. Durand me regarda, avec un étonnement mêlé de quelque embarras. *Oui*, ajoutai-je, *j'ai vu de vos œuvres; et je viens vous demander le mot de l'énigme. Qui êtes-vous? quand et comment vous êtes-vous réveillé poète?* Alois, avec une modestie qui n'est pas toujours, bien qu'on en dise, la compagne inséparable du talent, M. Durand voulut bien me confier sur sa vie, et sur ses sentiments intimes, les détails les plus circonstanciés. Je crois en devoir à mon tour la confidence au public. Ils font assez d'honneur à celui qu'ils concernent, pour que je ne me fasse aucun scrupule de cette indiscrétion, ou pour que l'intention me serve au moins d'excuse.

Voici le résumé de ce premier entretien :

Jean-Baptiste-Alexis Durand est né à Fontainebleau, le 13 mars 1795. Dès l'âge de quatre ans il perdit son père, mort ouvrier brasseur. Sa mère, qu'il a le bonheur d'avoir conservée jusqu'ici, l'éleva d'une manière conforme à sa modeste condition. Elle l'envoya dans une petite école, et M. Durand se rend le témoignage qu'il répondit fort mal aux soins du maître. A l'âge de onze ans, il savait à peine lire et écrire. A cette époque, sa mère fit des sacrifices pour le placer chez M. Rabotin, maître de

---

(1) À ces traits, toute la ville de Fontainebleau reconnaîtra et nommera M. DELONCHAMP.

pension, (aujourd'hui employé à la Mairie de Fontainebleau) qui lui enseigna des premiers éléments de l'arithmétique et de la grammaire française, ce qu'un enfant de onze ans, assez mauvais écolier, peut en apprendre en dix-huit mois. Les études du jeune Durand ne se prolongèrent pas au-delà de ce terme. A douze ans et demi, adieu les livres! l'enfant fut envoyé à Paris chez un menuisier ébéniste, après la mort duquel il revint à Fontainebleau continuer son apprentissage chez son oncle maternel, menuisier du roi. Il avait alors quatorze ans; et il rapportait de Paris un goût vague des beaux arts, puisé ou développé dans les musées, qu'il avait visités à ses jours de loisir. Quant aux théâtres, la modicité de ses économies partagées avec sa bonne mère, ne lui avait pas permis de les fréquenter.

A l'âge de seize ans, moins encore pour se conformer à l'utile coutume des *tours de France*, qu'à son amour naissant pour les voyages, le jeune artisan partit avec un compagnon, débuta par travailler à Anvers, et dans quelques autres villes du Nord, revint près de sa mère et de-là se dirigea sur la Bourgogne. C'était en 1812. La fatale campagne de Russie vint révéler à la jeunesse française tous les dangers de la patrie. Alexis Durand, âgé de 17 ans, entre comme volontaire dans le premier régiment des gardes d'honneur, part pour l'Allemagne, arrive à Dresde, assiste à la bataille de Leipsick, où son cheval est tué sous lui, et dans la retraite, à la bataille d'Hanau, lui-même est blessé d'un coup de lance. Incorporé en 1814, comme maréchal-des-logis dans le 7.e régiment de hussards, il se trouvait en Champagne lorsqu'il apprit l'abdication de l'Empereur et la soumission de Paris. Son pays n'avait plus besoin de lui; il reprit, comme compagnon menuisier, son tour de France interrompu, gagna la Bretagne et s'embarqua à Nantes pour Bordeaux.

1815 arrive; l'Empereur débarque, marche vingt jours et rentre aux Tuileries. Le menuisier, rappelé sous les drapeaux, accourt pour prendre place dans les rangs de la garde nationale mobilisée, où l'attendait le grade de sous-lieutenant, apprend dans les environs de Soissons l'irréparable désastre de Waterloo, et dépose encore une fois l'uniforme du soldat pour le tablier de l'artisan. Retourné à Bordeaux, il parcourt en travaillant les principales villes du Midi de la France.

C'est à cette époque que commence, sinon la vie littéraire, au moins la vie studieuse de M. Durand. Il avait vingt ans. Tourmenté d'un vif désir de savoir le latin, il se mit à l'apprendre à ses heures de repos. Dès ce moment, il ne voyagea plus qu'avec le *Rudiment de Lhomond* et un *Gradus ad Parnassum* dans son havre-sac. Parvenu à déchiffrer l'*Epitome* et quelques pages du *Selectæ*, il osa aborder de front Virgile, puis Horace, et parvint avec le temps à se les rendre familiers.

En 1818, étant à Lyon, il prit des leçons de dessin, et s'appliqua en particulier à acquérir quelques notions d'algèbre, de géométrie et de musique. Il commença à cette époque l'étude de la langue italienne, et se trouva bientôt en état de lire le Tasse, et l'Arioste devenu l'un de ses auteurs favoris. Cette même année, il s'embarqua à Marseille pour Savone, d'où il revint en France après un séjour de deux mois, avec le projet de parcourir toute l'Italie dans un second voyage. Il l'exécuta en 1820, par la belle route du Simplon. L'impression qu'il reçut du spectacle des Alpes fut si profonde et si vive, qu'après quinze ans, il n'en parle pas sans émotion. Dès ce moment sa vocation fut décidée. Il se sentit appelé à observer et à peindre la nature. Pour cela, il lui restait bien encore quelques préliminaires à franchir; car, à Milan, ayant composé des couplets de fête pour le consul de France chez lequel il travaillait, notre menuisier reçut de lui, à travers quelques compliments, l'utile et charitable conseil d'apprendre 'les règles de l'orthographe et celles de la versification française.

Cependant le poète futur allait assemblant des parquets et fabriquant des lambris, de Modène à Parme, de Florence à Rome, n'oubliant jamais de visiter sur sa route les bibliothèques et les musées. Arrivé dans la capitale des beaux arts, s'il fut frappé de la splendeur de ses monuments modernes, il ne le fut pas moins de la grandeur de ses ruines et de ses souvenirs. Il se réjouissait d'aller visiter Naples, et son terrible voisin le Vésuve, et surtout le tombeau de Virgile; mais une armée Autrichienne marchait alors dans la même direction, sinon dans le même but, car elle allait renverser à Naples cette liberté naissante qui, selon l'expression de M. Casimir Delavigne, *tremblait, un glaive dans la main*. Force fut donc à l'artisan voyageur non seulement d'ajourner cette excursion, mais de reprendre au bout de quinze jours le chemin de la France, par ordre de l'autorité papale, à qui le seul titre de Français faisait alors ombrage. Embarqué par les soins du consul de France à Rome, l'enfant de Fontainebleau prit terre à Gênes, et voulu repasser à pied ces Alpes, dont les gigantesques beautés avaient jeté tant de poésie dans son ame.

De retour dans sa ville natale en 1821, M. Durand, après avoir travaillé trois nouvelles années comme ouvrier chez son oncle, se maria et s'établit menuisier maître en 1824. La forêt de Fontainebleau devint dès-lors l'objet favori de ses contemplations. Il se prit à l'aimer de toute la chaleur d'un cœur d'artiste. Il conçut enfin la pensée d'en faire le sujet d'un poème.

Dès-lors, les jours de repos, que tant d'hommes de labeur

consacrent à l'intempérance, furent voués par lui au culte de sa belle forêt. Appliqué toute la semaine aux travaux de sa profession, il quitte son atelier, chaque dimanche matin, pour n'y rentrer que le soir. Que le soleil brille, que l'orage gronde, que le neige couvre l'herbe desséchée, il part et ne revient souvent que lorsque les derniers rayons du jour ont cessé d'éclairer les sentiers de la forêt. Il l'aime dans toutes ses phases, dans le mouvement successif de toutes ses métamorphoses, riche d'une mer de verdure, battue des vents ou dépouillée de ses ombrages. Plus elle semble attristée, plus elle lui paraît imposante et digne d'être aimée. Il franchit d'un pas rapide ses vallons pittoresques, traverse à la course ses majestueuses futaies, escalade ses rochers amoncelés, du milieu desquels s'élancent les bouleaux et les pins. C'est dans l'excitation de ces excursions solitaires qu'il médite et qu'il compose ; heureux le soir quand il rapporte au logis une vingtaine de vers, fruit d'une journée de fatigue et d'émotions !

C'est toutefois depuis deux ou trois ans à peine, qu'il a la confiance d'être initié aux mystères de la composition poétique. Jusque-là, il n'avait guères produit que des ébauches dont la révélation lui attira plus de dégoûts que d'encouragements, et dont aujourd'hui la faiblesse le fait sourire. Il ne suffit pas en effet de sentir vivement pour être appelé poète, peintre ou musicien ; il faut encore avoir approfondi les secrets de son art, et savoir manier en maître l'instrument qui sert d'interprète à la pensée. M. Durand s'avoue à lui-même qu'il y a trois ans, il n'était encore maître qu'en menuiserie. Son poème est donc l'œuvre de ces deux dernières années, et d'une centaine de promenades dans la forêt qui l'a inspiré ; mais l'auteur se sent arrivé au point où l'artiste prend chaque jour des forces nouvelles, et il espère mieux faire à l'avenir.

Acceptons en l'augure. C'est le sentiment que j'exprimai à
M. Durand, lors de ce premier entretien, qui ne dura pas moins
d'une heure et demie. Le rabot des ouvriers se faisait entendre
dans l'atelier. Je pensai que les travaux réclamaient la présence du
maître, et je crus devoir prendre congé de lui. En me reconduisant, il me dit avec émotion : vous m'avez fait passer une heure
comme je n'en compte aucune dans ma vie ; vous êtes la seule
personne à qui j'aie fait le confidence entière de mes travaux,
comme vous êtes la première avec qui j'aie eu le bonheur de m'entretenir de littérature et de poésie.

M. Durand m'avait parlé de sa bibliothèque. J'étais curieux
d'en faire la revue, et de juger de l'étendue des secours dont son
possesseur pouvait être redevable aux auteurs anciens ou modernes.
J'étais d'ailleurs impatient de connaître le poème dont il m'avait
promis la communication, et ma seconde visite suivit de près la
première. Invité à monter avec lui au second étage de sa maison ,
j'entre dans une petite chambre, où mes yeux n'aperçoivent d'abord
que les quatre murailles exactement nues. Toutefois en avançant
je découvre quelques rayons adossés contre le profil du corps de
la cheminée, et, sur ces quelques rayons, quelques livres déshabillés, dépareillés, au nombre d'environ soixante à quatre-
vingts, au milieu desquels se trouvaient : quatre éditions de
Virgile, deux d'Horace, un Tasse, un Arioste, une traduction du
Paradis perdu de Milton, un Boileau, un J. B. Rousseau, un
Racine dépareillé, la Henriade et quelques tragédies de Voltaire,
les Jardins et la traduction des Géorgiques de Delille, le tout
mêlé à quelques ouvrages en prose, la plupart incomplets.

Telle est la bibliothèque de M. Durand ; c'est à ce petit nombre
d'excellents modèles qu'il a demandé des inspirations et des conseils. A l'exception de Virgile et d'Horace, il ne connaît que de

nom les poètes latins, non plus que les autres écrivains de l'ancienne Rome, sauf pourtant Cicéron, dont il a lu le traité sur la *Vieillesse*, et J. César, dont il sait par cœur les *Commentaires*. Hors la *Gerusalemme liberata* et *l'Orlando furioso*, toute la littérature italienne lui est également inconnue, même les poèmes du Dante, de Pétrarque, de Métastase, d'Alfieri, bien que leur langue lui soit aussi familière que la langue latine.

Il est presque inutile d'ajouter qu'il connaît moins encore les autres littératures étrangères. M. Durand toutefois a lu un bon nombre de livres français, et n'en a rien oublié. Mais il n'a pas même lu une traduction d'Homère. J'ai honte de le dire; il n'a pas lu tous les chefs-d'œuvre de Corneille! C'est de Virgile qu'il a appris et que, selon lui, on doit apprendre l'art d'écrire en vers. Sa manière ferme, nombreuse et facile est pour lui le type de toute poésie : il admire surtout le rythme du vers hexamètre latin, terminé si heureusement par un dactyle et un spondée, et il a remarqué que presque tous les beaux vers français doivent leur force à cette même chûte prosodique. Boileau lui a révélé le secret d'une facture sévère, Racine celui de la mélodie, J. B. Rousseau celui de la richesse des rimes. Il trouve la manière de Voltaire brillante, mais trop négligée. Molière! (J'en demande pardon pour lui aux mânes de ce grand homme); il goûte médiocrement Molière, non pas comme peintre, mais comme poète. Il s'est fait de la poésie une idée si relevée, qu'il est tenté de croire qu'elle déroge, quand elle descend jusqu'au plaisant et au familier; du moins elle ne lui semble plus dès lors qu'un badinage. Voilà pourquoi il a une faible estime pour la comédie écrite en vers, ainsi que pour la satire et l'apologue. Il fait toutefois une exception en faveur de Lafontaine, parce que, dit-il, *Lafontaine sait être simplement sublime.*

Telles sont quelques unes des appréciations littéraires de notre poète. Comme elles sont de nature à le bien faire connaître, je n'ai pas cru devoir dissimuler même ce qu'elles peuvent avoir d'erroné ou de téméraire. Mais je laisserais incomplète la peinture de ses goûts et de ses prédilections, si je ne disais que son poète favori, celui qui occupe la première place dans son estime, même avant Virgile et l'Arioste, c'est *Ossian.* La traduction de ses poésies galliques par M. Baour-Lormian, ne le quitte jamais. Ossian, comme peintre, est son premier modèle.

Il me restait à voir le poème, principal objet de ma visite. Il faut pour cela, me dit l'auteur, redescendre à l'atelier. Nous descendons. Sur une planche élevée, entre deux rabots, était un petit coffret, à vieilles garnitures de cuivre, sans serrure. L'auteur l'atteint, et le dépose sur un établi. Le coffret est ouvert. Qu'y aperçois-je? des feuilles volantes, ployées ou roulées, des chiffons couverts d'écriture à l'encre et au crayon, le tout jeté pêle-mêle, et dans un désordre parfait. Vous n'avez pas d'autres manuscrits? demandai-je à l'auteur, point de copies mises au net? — Non, je jette là mes vers à mesure que je les rapporte de la forêt; mais rien n'est recopié de suite, et je serais aujourd'hui fort embarrassé de vous faire voir un seul chant de mon ouvrage. Il faudrait mettre la main sur les fragments dont il se compose, et les rassembler; je m'en occuperai puisque vous le désirez et que je vous en ai fait la promesse ; donnez-moi seulement quelque délai. Mon plan est dans ma tête, et l'ouvrage est là; il ne s'agit que de l'y chercher et de compléter quelques parties encore inachevées. — Et, en disant cela, sa main retournait, déroulait, et rejetait ces lambeaux dont la confusion n'étonnait que moi.

Quelle que fut mon impatience de prendre connaissance de

l'œuvre de mon poète, il me fallut ajourner ce plaisir, jusqu'au moment où M. Durand, ayant pris la peine de tirer du chaos
les quatre chants de son poème, m'en remit successivement les
copies.

J'exprimerai ici sans réserve l'impression que je reçus de cet
ouvrage. Je ne m'attendais pas à trouver bien sévère et bien ré-
gulier le plan d'un poème descriptif. La composition de ces sortes
d'ouvrages n'admet guère les proportions harmonieuses de l'épopée
ou du drame. C'est par l'exécution et les détails qu'il faut ici juger
l'auteur. Sous ce rapport, quel qu'en soit le mérite, le premier
chant me parut inférieur aux trois autres. On y trouve plus de
ce vague et de ce décousu, défauts inhérents au genre descriptif.
L'absence d'intérêt n'y est pas peut-être suffisamment rachetée par
l'éclat du style et la richesse des détails.

Le talent du poète s'élève dans le second chant, et c'est là que
se trouve le morceau si remarquable du *Bouquet du Roi*, qui
aura servi de fondement à sa réputation.

Le troisième chant me sembla incontestablement le plus beau
de tous. Là se rencontrent tous les genres de mérite qui distinguent la manière du poète, mélodie du style, grandeur des images,
élévation des sentiments. Tous les amis des beaux vers y remar-
queront sans doute le récit de l'incendie des drapeaux de la garde
impériale, épisode neuf et hardi, où l'auteur a déployé toutes
ses ressources. Le tableau de la *Communion militaire* est empreint
d'une tristesse solennelle qui me parut atteindre à la plus haute
poésie.

L'auteur soutient ce ton élevé dans le quatrième chant, et ter-
mine dignement la longue carrière qu'il s'était tracée, sans autre

guide que sa belle et riche imagination. En somme, je jugeai le poème bien supérieur à celui du professeur de rhétorique Castel, que du reste M. Durand n'a jamais lu.

Un examen attentif n'a fait que confirmer l'opinion que m'avait laissée la première lecture de l'ouvrage de M. Durand. Malgré des longueurs et des négligences, cet ouvrage, fruit de la nature et de la solitude, me parut empreint d'un mérite réel si incontestable, et d'un mérite relatif si prodigieux, que la publication m'en sembla désirable dans l'intérêt de l'art comme dans l'intérêt de l'auteur. Je l'engageai à revoir son œuvre d'un œil sévère, à en serrer davantage le tissu, à le colorer çà et là plus chaudement, et je décidai sa modestie à affronter hardiment les regards du public.

Alors la *Chronique de Seine-et-Marne* publia le fragment du *Bouquet du Roi*, précédé de cette lettre que j'avais adressée au rédacteur en chef :

« C'est avec une joie bien vive que je viens, monsieur, vous
» faire part d'une découverte, qui intéresse non seulement la
» ville de Fontainebleau, mais tous les véritables amis de la
» littérature et des arts. Je me trouve heureux et fier d'avoir à
» révéler au public l'existence d'un homme fait pour honorer
» sa patrie. Fontainebleau, qui l'ignore, possède un poète dans
» ses murs, et ce poète est un de ses enfans. Je ne parle pas
» ici d'un homme qui fait des vers, tant de gens s'en mêlent !
» je parle, entendez-le bien, d'un véritable poète, c'est-à-dire
» d'un écrivain qui, doué d'une imagination rêveuse, sensible,
» féconde, verse sur des tableaux dessinés à grands traits, tout
» le coloris et toutes les richesses du langage poétique ; homme
» d'autant plus poète, qu'il l'est, pour ainsi dire, à son insçu, et

» pour obéir à l'instinct puissant qui est en lui. Il est l'œuvre de
» la seule nature. Il ne doit absolument rien à l'éducation sco-
» lastique ; il n'a point été au collége ; il ne s'est pas formé au
» sein des sociétés lettrées et des académies. Il n'a puisé ses inspi-
» rations qu'au foyer de son ame. Il a reçu seulement de la lecture
» de quelques grands poètes , l'étincelle électrique qui a développé
» sa belle organisation littéraire. Cet homme, qui n'a point été
» au collége , sait le latin et l'italien , qu'il a appris seul , dans ses
» courts loisirs. Aujourd'hui , vous trouverez Virgile et le Tasse ,
» mêlés aux outils de sa profession. Cet homme est M. Durand,
» menuisier à Fontainebleau. etc. »

Une souscription venait d'être ouverte par mes soins au *Cercle
littéraire* de Fontainebleau, pour l'impression du poème, et la
Chronique invita ses lecteurs à y prendre part. Le public répondit
à cet appel avec l'empressement le plus flatteur pour M. Durand,
et le plus honorable pour le département de Seine-et-Marne.
Huit cents exemplaires du *Bouquet du Roi*, tirés à part, fran-
chirent en partie les limites du département. M. le lieutenant-
général comte Durosnel, député de l'arrondissement de Fontainebleau, eut la bonté de mettre ce morceau sous les yeux du
Roi, et S. M. voulut bien se placer en tête des souscripteurs en
s'inscrivant pour cinquante exemplaires , dont le prix fut immé-
diatement compté à l'auteur. Dès-lors le succès de la souscription
fut décidé, et l'ouvrage fut mis sous presse.

Cependant M. Durand allait recueillant par avance les encouragemens et les suffrages les plus honorables. Lorsqu'Adam Billaut
annonça l'intention de publier le recueil de ses poésies, presque
tous les poètes de son temps s'empressèrent de lui apporter le
tribut de leur muse fraternelle, et maître Adam n'eut garde
d'oublier d'en enrichir son volume. C'était l'usage alors, et les

II

auteurs se rendaient volontiers cette innocente civilité mutuelle.
Autre temps, autres mœurs. Mais je croirais faire tort au moderne Adam Billaut, si je ne consignais ici, en attendant l'arrêt
du public, quelques uns des témoignages flatteurs que lui a valus
le seul fragment de son poème, publié sous le titre du *Bouquet
du Roi*. J'en choisirai quatre parmi tous les autres.

Voici ce que m'écrivait le 5 novembre dernier, mon honorable
collègue, M. Mauge, procureur du roi à Pithiviers, auteur d'un
recueil d'*Elégies*, riches de la plus pure poésie, et empreintes de
cette tristesse communicative qu'on ne trouve guère au même
degré que dans les Nuits d'Young :

« Je trouve en arrivant les vers admirables de votre nouveau
» maître Adam. Je m'empresse de vous remercier mille et mille
» fois de cette communication. Je m'inscris de grand cœur au
» nombre des souscripteurs, parce que rien ne me cause de
» plus douces émotions que les chants harmonieux de la poésie.
» Quoi de plus touchant que de voir, sous la bure de l'humble ar-
» tisan, palpiter un cœur de poète et briller tous les trésors d'une
» imagination prédestinée ! Oh ! c'est bien là une preuve de plus
» que la poésie est fille du ciel, comme la religion et la liberté.
» Le poète qu'anime le sentiment inné du beau et du bien, doit
» nécessairement être un honnête homme, et votre compatriote
» m'inspire à ce double titre le plus vif intérêt. Je vous félicite de
» tout mon cœur de votre heureuse découverte. Grâces vous
» rendues ! je serais bien trompé si la publication du poème de
» M. Durand trouvait des obstacles dans l'indifférence littéraire
» qui caractérise notre époque. Il me semble que s'il en était
» ainsi, il faudrait porter la souscription à un prix plus élevé. Il
» y a encore assez d'hommes enflammés du feu sacré, pour que
» la poésie n'en soit pas réduite à enterrer ses vestales. »

De son côté, un homme dont l'amitié m'est glorieuse autant qu'elle m'est chère, et dont s'honore à la fois la littérature, le barreau de Paris qui l'a compté parmi ses premiers orateurs, et la haute magistrature qui se l'est acquis depuis la révolution de 1830, M. Berville m'écrivait :

« C'est avec un bien vif intérêt que j'ai lu, mon cher ami, le
» fragment que vous m'avez adressé. Vous avez eu raison de le
» dire : l'auteur est un véritable poète, et la révélation d'un
» talent aussi complet, au milieu des distractions perpétuelles
» d'une profession mécanique, est en effet une sorte de phéno-
» mène littéraire. Ce n'est pas à dire, sans doute, que l'ouvrage
» soit exempt de fautes. Je ne sais point flatter, et j'avouerai sans
» peine qu'on y rencontre de loin à loin des traces d'inexpérience.
» Cela n'est pas étonnant : ce qui l'est, c'est d'en rencontrer si
» peu; c'est de voir à quel point le goût naturel, aidé seulement
» d'une légère culture, a pu révéler si bien à un simple artisan,
» les secrets de la facture poétique. Maître Adam, tant cité, tra-
» vaillait dans un genre facile ; il a fait quelques bonnes pièces
» fugitives, entre beaucoup de faibles ou de médiocres; ce n'est
» pas merveille. M. Durand écrit dans le genre élevé, et il écrit
» bien; voilà ce qui est remarquable. Il lui sera bien facile, avec
» un peu d'étude encore, de perfectionner ce qui est du *métier*,
» de faire disparaître quelques longueurs, quelques prosaïsmes
» de pensée : mais il n'y a qu'une organisation éminemment heu-
» reuse qui ait pu lui donner ce tour poétique, ce sentiment du
» rythme et de la coupe des vers, ces formes habituellement
» élégantes, qui distinguent le morceau que je viens de lire.

» J'ajouterai qu'il n'a pas fallu peu d'imagination pour trouver,
» dans un arbre de la forêt, la matière d'un épisode de deux cents
» vers, et d'un épisode intéressant. Peut-être même une cri-

» tique sévère trouverait-elle de l'abus dans l'étendue de ce mor-
» ceau : mais cet abus est, de tous, celui qu'on pardonne le plus
» volontiers; c'est celui de la facilité et du talent.

» Remarquez, mon ami, (je ne puis m'en taire en finissant)
» que c'est parmi les classes laborieuses qu'on retrouve aujour-
» d'hui ces impressions vraies, pures, honnêtes, ces sentimens
» doux, simples, naturels, qui font le charme des arts, et dont
» notre littérature *fashionable* semble avoir pris à tâche de s'é-
» loigner de plus en plus. Le peuple n'est point complice de nos
» aberrations morales et littéraires : tandis qu'on se donne à
» plaisir le cauchemar ou la torture dans nos salons et sur nos
» théâtres, qu'on s'épuise en convulsions, que l'imagination ma-
» lade n'enfante que fantômes hideux ou monstres dégoutans, lui,
» nous envoie un poète, et c'est un poète géorgique; c'est un
» homme qui s'est inspiré de la nature, a vécu avec elle et ne
» craint pas de parler son langage. Cela ranime l'espérance, et
» console un peu de cette littérature épileptique dont on nous
» régale depuis quelques années. »

Voici maintenant en quels termes s'exprimait sur le compte du
menuisier-poète, un autre de mes plus honorables amis, l'un
des meilleurs poètes de notre époque, M. de Pongerville, brillant
et harmonieux traducteur de Lucrèce et d'Ovide, et membre de
l'académie française. Le suffrage d'un pareil juge peut tenir lieu
de beaucoup d'autres. J'extrais de notre correspondance à ce sujet
les passages suivans :

« Mon excellent ami, malgré le temps contraire, vous avez
» trouvé un phénix dans vos forêts. Je reconnais dans votre
» ardeur à signaler son existence, votre amour des lettres. Je vous
» approuve. Le poète au rabot, rabote bien ses vers. On sent que

» la nature l'inspire ; il sait être naïf avec grâce, et vrai sans
» rudesse. Libre dans son allure, mais plein de respect pour la
» langue, il est toujours harmonieux et pur. Veuillez dire à cet
» homme de talent, que je serai flatté de me ranger parmi les
» plus sincères approbateurs de son poétique travail. J'ai lu ses
» vers à plusieurs de mes confrères de l'Institut. Tous en ont pensé
» comme vous ; et, il n'est aucun ami des lettres qui ne vous doive
» des félicitations sur votre heureuse trouvaille. Loin de décou-
» rager votre Orphée, il faut l'exhorter à continuer ; je le regarde
» comme un phénomène que je serai charmé d'annoncer au monde
» lettré. Notre illustre Arago éprouve moins de plaisir à publier
» la venue de sa comète, que je n'en ressens, à faire remarquer
» les rayons de votre astre poétique. Je vous envoie quelques
» vers, où M. Durand trouvera l'expression de tout ce que
» m'inspire son talent vraiment remarquable, auquel il ne manque
» peut-être que ce que la fréquentation des hommes de l'art donne
» au plus habile. »

A cette lettre était jointe, pour l'auteur du *Poème sur la Forêt
de Fontainebleau*, une épître en vers comme M. de Pongerville
les sait faire, c'est-à-dire de main de maître. M. Durand y répondit sur-le-champ par des stances, composées dans une seule promenade à travers la forêt qui lui sert d'Hélicon, et qui se distinguent par la facilité gracieuse d'un premier jet. On trouvera ces
deux pièces à la fin de ce volume.

Enfin, l'Horace de notre époque, non moins grand poète,
mais plus philosophe que l'ami de Mécène, le chantre national
que, depuis six mois, la ville de Fontainebleau possède sans
en jouir, car il a mis la solitude entre le monde et sa gloire,
M. de Béranger avait la bonté de m'écrire les lignes suivantes :

« J'ai lu , avec autant d'étonnement que d'intérêt , les quelques
» fragments du poème de M. Durand, que vous avez bien voulu
» me communiquer. Plus que tout autre peut-être , j'ai eu les
» confidences d'hommes de la classe ouvrière , qui consacraient
» à des essais de poésie leurs courts moments de loisir. Jamais
» aucun d'eux ne m'a fourni l'occasion d'applaudir à un talent
» égal à celui du menuisier de Fontainebleau.

» Sans ravir à vos graves occupations aucun des moments
» qu'elles réclament, vous payez avec bonheur votre tribut aux
» Muses. Je ne m'étonne donc pas du plaisir qu'a dû vous causer
» la découverte d'un poème, que son auteur n'avait consacré qu'au
» délassement de pénibles travaux. Je conçois bien aussi que vous
» en ayez désiré la publication. La peine que vous avez eue à
» triompher de la modestie de M. Durand , doit nous le faire es-
» timer davantage.

» Grâce à vous , Monsieur , notre curiosité jouira donc bientôt
» d'un ouvrage remarquable par de douces et nobles inspirations,
» toutes puisées dans les habitudes chéries de l'auteur , ancien
» soldat de l'Empire , né au milieu de cette belle forêt , si féconde
» pour lui en poétiques souvenirs.

» Si une critique trop minutieuse tente de signaler dans le style
» de M. Durand quelques traces d'inexpérience , les gens d'un
» goût plus large et plus vrai ne verront , dans de rares imper-
» fections , qu'une raison de plus d'accorder leur suffrage au
» mérite de l'ensemble du poème , à l'heureux accord des senti-
» ments et des images , à l'exactitude élégante de la plupart des
» descriptions dont il se compose. »

Cependant le fragment du *Bouquet du Roi* était arrivé sous
les yeux de l'académie Ebroïcienne, (dont le siège est à Evreux).

Cette société littéraire, qui compte parmi ses membres MM. de Châteaubriant, de Lamartine, Ancelot, Soumet, jugea du mérite de M. Durand sur ce spécimen, et sans attendre la publication de son ouvrage, l'admit spontanément au nombre de ses membres correspondants et lui en fit expédier le brevet. Si l'auteur n'a pas décoré de ce titre le frontispice de son livre, ce n'est certes pas qu'il n'ait vivement ressenti l'honneur que lui a fait l'académie Ebroïcienne; mais sa modestie lui a conseillé comme un devoir d'attendre le jugement du public, avant de se parer d'aucune qualification littéraire. Il se réserve, en cas de succès, de faire d'un titre dont il est glorieux, sa première et sa plus douce récompense.

L'esprit souffle où il veut, dit l'Ecriture. Cet axiôme semble surtout applicable à l'esprit des beaux arts, ce sens intime qui manque à la plupart des hommes. Oui, c'est la nature qui fait les artistes; l'étude ne peut que les perfectionner et les grandir; jamais l'étude seule n'a créé un peintre, ni un poète. Mais, en revanche, l'instinct des arts, chez ceux-là même qui l'ont reçu de la nature, n'existe guère que comme un germe condamné à la stérilité, s'il n'est fécondé par une éducation brillante et forte.

Horace l'a dit :

> ...... *Ego nec studium sine divite venâ,*
> *Nec rude quid possit video ingenium.*

Trop heureuses les ames privilégiées, nées pour planer sur tout ce qui rampe, et à qui l'étude a prêté des aîles ! Celles-là doivent bénir leur destinée ; elles ont eu pour elles le ciel et la terre.

Mais si le monde entoure de son admiration ces intelligences à qui nul appui n'a manqué, quel sentiment doivent inspirer ces hommes qui, destitués en naissant des secours de l'éducation, enchaînés dès leur enfance au joug d'une profession manuelle, ont cependant trouvé en eux-mêmes assez de puissance pour s'élever jusqu'à la vie idéale des beaux arts, et pour refaire ainsi leur destinée ?

Tel fut, parmi nous, cet Adam Billaut, ce menuisier à qui Nevers s'honore d'avoir donné la naissance; qui fut poète au milieu des villebrequins et des rabots; poète souvent incorrect et trivial; mais qui a laissé tomber de sa plume des chants bachiques pleins de verve, une belle ode au cardinal de Richelieu, et des stances où l'élévation du style ne le cède qu'à celle des sentiments.

Tels furent, chez nos voisins, l'Ecossais *Robert Burns*, ce garçon de charrue, mort en 1796, illustré par un recueil, qui l'a placé au rang des meilleurs et des plus aimables poètes de son pays;

Et ce *Robert Bloomfield*, cordonnier à Londres où il exerçait encore sa profession en 1801, qui dans un poème en quatre chants ayant pour titre *the Farmer's boy* (le garçon de ferme), osa chanter après Thompson, les saisons et la nature, dans des vers moins brillants, mais gracieux et doux comme son nom. (1)

Tel est de nos jours, en France, ce *Reboul*, boulanger à Nîmes, poète remarquable par une verve chaleureuse et touchante, qui lui a valu le glorieux suffrage de M. de Lamartine.

O combien de talents, avortés dans leur germe, faute de culture, sont morts sans doute dans les rangs obscurs de cette société, qui écrase les hommes qu'elle n'a pas devinés ! Un com-

---

(1) BLOOMFIELD signifie CHAMP-FLEURI.

patriote de Burns et de Bloomfield, Thomas Gray, dans son élégie sur un cimetière de village, l'a dit dans ces beaux vers qui trouvent ici naturellement leur place :

Perhaps in this neglected spot is laid
Some heart once pregnant with celestial fire ,
Hands that the rod of empire might have sway'd ,
Or wak'd to ecstasy the living lyre.
. . . .
Some mute inglorius Milton here may rest.

Peut-être, sous la glèbe, ici gît ignoré
Un cœur à qui le ciel souffla le feu sacré,
Une main dont le sceptre eût gouverné l'empire ,
Ou qui l'eût fait rêver aux accents de sa lyre.
. . . .
Quelque Milton muet y dort sans renommée.

L'auteur du poème sur la *Forêt de Fontainebleau* appartient à cette classe laborieuse , que tout semble enlacer et retenir dans les liens de la vie matérielle et prosaïque. Mais ces liens n'ont pu le contenir. Tandis que ses bras musculeux se dévouaient au travail et au pain de chaque jour, sa pensée élevée au-dessus des froides réalités de cette existence positive, lui fit contempler la nature avec amour, et dès qu'il s'en crut aimé, il put regarder la société sans amertume et sans envie. Ce qu'il sentait vivement, il l'écrivit pour se plaire à lui-même, et il l'écrivit dans la langue de l'imagination et du cœur, cette langue que savent surtout parler les solitaires. Le monde jugera son œuvre.

Que si la critique demandait à quelle école appartient le chantre de la Forêt de Fontainebleau , je répondrais : à l'école de la belle nature et de la vérité choisie. Malgré tous les efforts des novateurs

rétrogrades, il y a de bonnes raisons de croire que cette école
est dans la seule voie qui mène au salut. Le temps et les habiles
en décideront.

En attendant, s'il m'était permis de donner publiquement des
conseils à M. Durand, j'oserais lui dire : persistez dans cette
route où le bon goût vous a fait entrer. Vous êtes né poète ; rem-
plissez votre mission. Les arts, vous le savez, tiennent lieu de tout
et consolent de tout. La poésie, le plus beau des arts, vit de
liberté, de religion, de patriotisme et d'amour. Laissez errer
votre ame dans ces poétiques régions ; mais ne changez pas de
condition parmi les hommes. Restez ce que la providence a voulu
que vous fussiez, ce que vous êtes, un modeste artisan. Cependant, comme le lierre se cramponne aux ruines, attachez-vous aux
souvenirs et aux splendeurs historiques de la ville qui vous vit
naître. Célébrez le tableau, après avoir peint le riche cadre qui
l'environne. Que votre patrie soit votre muse, votre épopée, votre
héros. Soyez enfin *le Poète de Fontainebleau* ; ce titre peut et doit
suffire à votre ambition. Courage ! Ne vous laissez pas refroidir
par ce qu'on nomme l'indifférence du siècle et la tiédeur du monde.
La poésie est-elle sans autels et sans adorateurs ? Quand tous les
cultes étaient détruits, le sien fut-il jamais déserté ? N'y a-t-il pas
toujours eu, n'y aura-t-il pas toujours le bataillon sacré des
amis des beaux arts, phalange impérissable qui se perpétue d'âge
en âge, et qui s'apprête à vous ouvrir ses rangs ? Courage donc !
elle applaudit d'avance à vos efforts, elle se réjouira de vos succès.
Trop heureux, pour ma part, de lui avoir signalé un diamant,
parmi ces rochers que le pied du voyageur foulait, sans en soup-
çonner les trésors !

CHANT PREMIER.

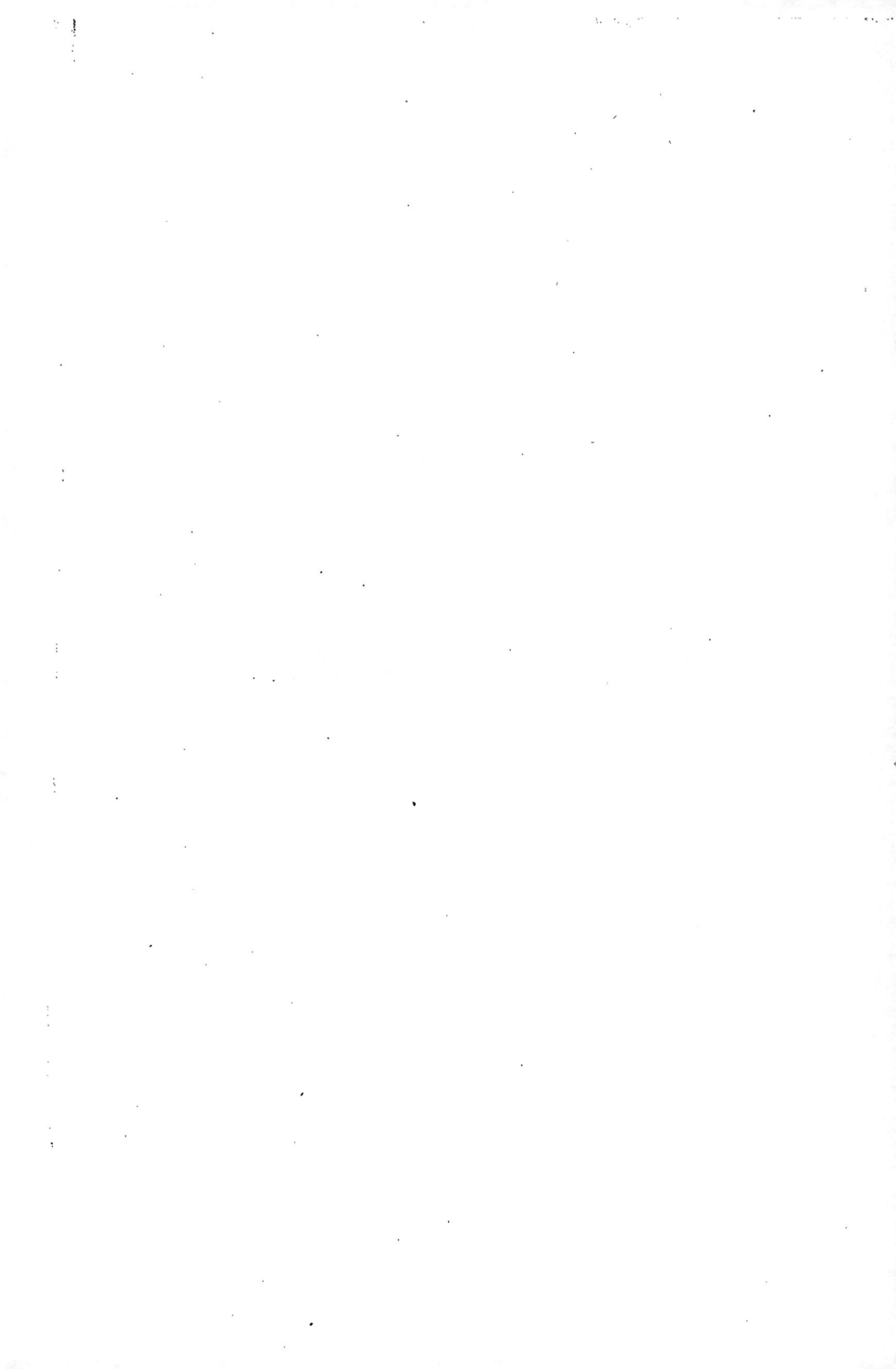

LA FORÊT

DE

FONTAINEBLEAU,

Chant Premier.

—

VUE GÉNÉRALE

Tra solitarie valli alta foresta
Foltissima di piante antiche.... .
TASSO.

Oui, je m'étais promis une autre destinée......
Mais puisque l'infortune, à me suivre acharnée,
Préside obstinément à mes derniers beaux jours,
Muses, filles du ciel, venez à mon secours !

Venez me rappeler ce bel art que j'adore.

Ne vous souvient-il plus qu'à peine à mon aurore,

Épris des nobles chants des poètes fameux,

J'osai vous supplier de m'inspirer comme eux?

A mes empressemens vous daignâtes sourire;

Et bientôt, l'œil au ciel et les doigts sur la lyre,

Je fis, nouveau Linus, entendre mes accords

Aux forêts, aux rochers de nos champêtres bords.

Je reviens à vos pieds, divinités aimables;

Daigr z à mes accens vous montrer favorables.

Je chante la forêt et le riant séjour

De la cité charmante où j'ai reçu le jour.

O toi, Fontainebleau, toi, ma chère patrie,

Berceau de mes amours, séjour de mon amie,

Salut! je t'ai promis, par mon cœur excité,

De peindre dans mes vers ton agreste beauté.

En vain d'autres déjà t'ont choisi pour modèle;

Aux sermens que j'ai faits je veux être fidèle,

Je le suis; et semblable au jeune villageois

Qui, lorsque le printemps vient embellir nos bois,

Verrait avec regret une main étrangère
Parer de fleurs le sein de sa jeune bergère,
Je suis jaloux qu'un autre ait célébré mes bois,
Et je viens réclamer et mon luth et mes droits.

Mais tel qu'un nautonnier n'ose, malgré son zèle,
A l'orageuse mer confier sa nacelle;
Il craint, l'infortuné, que les vents et les flots
Ne brisent sans pitié navire et matelots,
Et, dans ce doute affreux, tremblant pour sa fortune,
Il consulte long-temps et le ciel et Neptune,
Mais enfin, se livrant à son noble transport,
Il déroule sa voile et s'éloigne du port :
Ainsi, chantre novice aux rives d'Hippocrène,
Je vais, la lyre en main, descendre dans l'arène;
Non sans appréhender le hasard dangereux
De blesser des censeurs le goût si rigoureux.
Vingt autres, avant moi, dans la même carrière,
Avec plus de génie ont mordu la poussière.
Mais, de tels souvenirs glaceraient ma vigueur.
Je ne consulte rien que ma Muse et mon cœur.
Guidé par eux, je vole où mon sujet m'appelle :

Plus le péril est grand, plus l'entreprise est belle.

Vous, qu'un secret penchant, une puissante voix,
Malgré vous, à toute heure, attire au fond des bois,
Vous aimez les tableaux agrestes et sublimes,
Vous aimez les rochers, les torrens, les abymes,
Les vieux troncs sillonnés par la foudre et les ans;
Mes chants auront pour vous des attraits séduisans.
Préférez-vous des lieux moins sombres, moins sauvages,
De paisibles vallons, de fertiles rivages,
Des bois rians et frais, où du vif écureuil,
Du hideux sanglier, du rapide chevreuil,
La course vagabonde ou la force ou l'adresse
Attire vos regards, vous plaît, vous intéresse,
Et présente à vos yeux le charme non flatté
Et de la solitude et de la liberté?
Venez, tous ces objets, dès mon adolescence,
Ont captivé mon cœur; et la reconnaissance
M'oblige de chanter leur champêtre séjour.
Que si vous vous plaisez, sur le déclin du jour,
Quand votre ame est en proie à la mélancolie,
A rêver le bonheur, innocente folie.....

Je vous le dis encor, si tels sont vos penchans,
Je chante vos plaisirs, souriez à mes chants.

Non que je veuille ici, variant mon langage,
Décrire chaque mont, peindre chaque bocage,
Et, vingt fois dans mes vers épuisant mon sujet,
Sur vingt tons différens parler du même objet.
Pareil au papillon qui dans nos champs voltige,
Et s'arrête à son gré sur la fleur ou la tige,
Je vais peindre, au hasard et sans aucune loi,
Les points dont le coup d'œil est le plus beau pour moi.

Avant de détailler les beautés qu'il rassemble,
De ce jardin sauvage examinons l'ensemble.
Soit, enfant de ces lieux, qu'un penchant naturel
Me prévienne en faveur du foyer paternel,
Soit plutôt que ces bois, dont la beauté m'enflamme,
Par des charmes puissans aient captivé mon ame,
Plus que tout autre lieu j'aime Fontainebleau,
Ses rochers, sa forêt, ses jardins, son château,
Ses vallons, sa riante et noble solitude :
Tout semble réuni pour les jeux, pour l'étude,

Dans ce vaste tableau, qui présente à la fois
La cabane du pauvre et le palais des rois.

Mais des plus beaux objets la présence éternelle
Finit par nous lasser, fût-ce un tableau d'Apelle ; ·
L'homme rassasié détourne ses regards,
Et cesse d'admirer le chef-d'œuvre des arts.
Ainsi quand l'aquilon, déchaîné sur les ondes,
Semble dans sa fureur ébranler les deux mondes,
L'indigène habitant de leurs bords orageux,
Chez lui s'enferme et joue à de stupides jeux. (1)
O comble avilissant de l'indolence humaine !
Tel ne fut pas Thompson, lorsque l'humide plaine
En torrens écumeux fondait sur son vaisseau ;
La mort l'environnait ; lui, prenant son pinceau,
Sans redouter les cieux qui tonnaient sur sa tête,
Il créait, plein de joie, un hymne à la tempête.
Voilà l'heureux mortel, voilà l'enfant des cieux,
L'héritier du génie ; en tout temps, en tous lieux,
Montrez-lui les forêts, le ciel, la terre et l'onde,
Et, quelque soit l'excès de sa douleur profonde,
Un céleste rayon vient pénétrer son cœur,

Et cet infortuné chantera le bonheur.

Mais vous, qui ne pouvez exprimer sur la lyre
Les vagues sentimens qu'un beau séjour inspire,
Venez, je veux ici vous découvrir à tous
Des traits qui jusqu'alors étaient cachés pour vous.

L'œil a vu des forêts d'une vaste étendue,
Que réclame la hache ainsi que la charrue;
Des forêts renfermant, mais sans art et sans choix,
Des bois, des prés, des champs; des champs, des prés, des bois;
Aucun mont n'embellit leur uniforme enceinte;
Jamais le voyageur, de surprise ou de crainte,
N'y ralentit sa marche ou ne hâte ses pas:
J'en excepte ces lieux, pour moi remplis d'appas,
Ces lieux où, frémissant d'une ivresse sublime,
Pauvre mais inspiré, j'allais de cime en cime,
Dévorant mes chagrins, murmurer quelques vers,
Et d'un vaste coup d'œil embrasser l'univers:
Qui ne reconnaît point l'impénétrable masse
Où règne le Mont-Blanc sur un trône de glace?
Oui, ces lieux exceptés, les plus belles forêts,

Leurs rochers, leurs vallons, n'égalèrent jamais
L'étonnante beauté, le spectacle champêtre,
Des lieux chers à mon cœur, des lieux qui m'ont vu naître.

Qu'en un pays affreux, inculte, inhabité,
Par des feux souterrains mille fois dévasté,
Se trouve un mont désert, une forêt sauvage,
Mille rocs de la foudre attestant le ravage,
Ces objets imposans sont l'effet du climat ;
Ils ne surprennent point ; jamais ce sol ingrat
N'eût rendu l'intérêt d'une utile culture ;
On sait à quel dessein le forma la Nature ;
Ici, ces noirs rochers, effroi des matelots,
Sont un frein éternel à la fureur des flots ;
Là, de ces blancs sommets, d'une hauteur extrême,
Et que la neige ceint d'un brillant diadême,
Tombent en mugissant mille torrens fangeux,
Dont l'onde salutaire, en son cours orageux,
Porte au sein des États la fraîcheur et la vie :
Partout à nos besoins la terre est asservie ;
Mais on doit s'étonner au milieu des cantons
Que Cérès et Bacchus comblent de tous leurs dons,

De voir de nos rochers le bizarre assemblage ,
Nos agrestes côteaux , dérobés sous l'ombrage ,
Nos pins , enfans du nord , que le souverain roi
N'a point assujettis à la commune loi ,
Et nos monts orgueilleux dont la triple ceinture
Se couvre de rochers , de fleurs et de verdure.
Tant de pompe et de grâce embellissent ces lieux
Que tout y semble fait pour le plaisir des yeux.

Non , je ne doute pas qu'un enfant du génie ,
Par le charme divin d'une douce harmonie ,
Ait contraint les rochers et les monts et les bois
De bondir , attentifs aux accens de sa voix :
Il chantait , élevé sur les plus hautes cimes ,
Et les objets , émus par ses accords sublimes ,
S'agitaient , s'animaient , venaient de toutes parts :
Sans doute ils ont formé ces verdoyans remparts.
C'est ainsi qu'aux accords du chantre de la Thrace ,
Le tigre déposait sa sanguinaire audace ,
Et que , sur le sommet du Rhodope surpris ,
Les arbres s'inclinaient , par ses chants attendris.

O charme des beaux arts ! doux effet d'une lyre !
Par vous l'airain, l'acier, le marbre, tout respire :
L'être qui vous possède est un dieu de bienfaits,
Et s'il n'est pas heureux, qui le sera jamais !
On peut l'être pourtant, sans chanter la nature.
Il est au fond des bois une volupté pure,
Plus douce mille fois que les bruyans plaisirs :
Le cœur n'y forme point d'extravagans désirs ;
Et si la rêverie est l'école du sage,
La sagesse est le fruit d'un charmant paysage ;
Et d'ailleurs, en tout temps, aux sublimes esprits
Les bois ont inspiré les plus nobles écrits.

Dans les siècles passés, quand l'antique ignorance
De cent dogmes cruels ensanglantait la France,
Mille vastes forêts couvraient ces beaux climats.
Un géomètre alors, armé de son compas,
N'avait point profané leurs magnifiques voûtes
Des ennuyeux replis d'un dédale de routes.
On marchait librement et toujours au hasard.
Rien n'avait éprouvé les caprices de l'art.

Plus fiers étaient les monts, plus vaste était l'abyme ;
L'œil à peine arrivait à la plus haute cime ;
Et d'énormes sapins, géants audacieux,
De leurs épais rameaux semblaient cacher les cieux.
Alors, une forêt silencieuse et sombre
Inondait les humains de préjugés sans nombre.
Aucun d'eux n'eût osé, d'un courage affermi,
Y porter ou la flamme, ou le fer ennemi ;
Il eût craint que des dieux la foudre vengeresse
Ne vint, en l'écrasant, punir sa hardiesse.
Il semblait que d'un bois la sombre majesté
Désignât le séjour d'une divinité.
Bien plus, un vieux druide, ignorant, sanguinaire,
Des dogmes et des lois ministre mercenaire,
Sur l'aveugle ignorance élevant son pouvoir,
Etouffait en naissant les clartés du savoir.
A sa voix, sur les monts, dans les forêts profondes,
S'élevèrent soudain mille temples immondes,
Où, (j'en frémis d'horreur !) une exécrable main,
Pour honorer les dieux versait le sang humain.
Et malheur à celui dont le culte frivole
Eût insulté le prêtre ou son infâme idole !

Tels étaient nos aïeux, ces célèbres Gaulois,
Dont la fierté romaine a subi les exploits.
Ainsi les bois, témoins des antiques usages,
Ont vu sous leurs abris passer les premiers âges ;
Et dans les champs glacés, sous les cieux africains,
Les forêts sont encor le berceau des humains.
Mais les ans changeront ces coutumes bizarres ;
Plus le monde vieillit, plus les forêts sont rares ;
Et leurs dômes touffus en France, dès long-temps,
Sont tombés sous les coups de la hache et du temps.

Vous avez tenu tête au noir torrent des âges
Toi, ma belle forêt, vous, mes rians bocages ;
Vous murmurez encor ; et, plus long-temps que nous,
De la faulx du trépas vous braverez les coups.
Du moins, embellissez la fragile existence
De l'être qui, cherchant les bois et le silence,
Vient rêver à l'abri de vos rameaux épais.
Donnez-lui la vertu, le bonheur et la paix ;
Et puisse-t-il un jour, assis sous votre ombrage,
Sentir battre son cœur en lisant mon ouvrage !

Mais, hélas ! l'homme en proie à de vils intérêts
Ne connaît que de nom les rochers, les forêts.
Esclave des cités, souvent même il ignore
L'effet majestueux des couleurs de l'aurore ;
Un si noble tableau ne le charmerait pas :
Le seul aspect de l'or a pour lui des appas.
Aussi, quand la raison vient éclairer son âme,
Que, vieux et languissant, nul plaisir ne l'enflamme,
Il cherche à la campagne un remède à l'ennui :
Il trouve la nature aussi morne que lui.

O qu'à mes yeux ravis elle est bien plus charmante !
Aux yeux de son amant voyez la jeune amante :
Son air tendre, ce front où brillent tour à tour
La gaîté, le désir, l'innocence et l'amour,
En elle tout séduit, tout ravit, tout enchante ;
D'où lui vient cet attrait qui la rend si touchante ?
Son jeune amant paraît, lui parle, lui sourit,
Et l'aimable beauté s'anime et s'embellit.
Tels les bois et les monts, qu'un jour brillant décore,
Pour les cœurs prévenus s'embellissent encore,

Et semblent réunir à notre œil enchanté,

Tout ce que la pudeur ajoute à la beauté.

Henri, de ma forêt connaissait bien les charmes.

Ce bon roi, fatigué de la Cour et des armes,

Souvent quittait Paris et ses plaisirs divers,

Pour voir Fontainebleau, qu'il nommait *ses déserts*.

Déserts du bon Henri, recevez mon hommage :

Tout français vous le doit. Ce prince, dont l'image

Est gravée à jamais dans le fond de nos cœurs,

Vous dut tant de beaux jours, tant d'aimables douceurs !

C'est ici, qu'il jouait aux jeux de son enfance ; (2)

Et c'est là, qu'il rêvait au bonheur de la France.

O ! si, trompant le fer d'un cruel assassin,

Il eût réalisé le plus noble dessein ;

Par combien de travaux il eût orné vos scènes !

Comme il eût fécondé vos stériles arènes !

Votre éclat eût vaincu ce luxe audacieux

Qu'avec tant de fierté Versaille offre à nos yeux.

Mais quoi ! regretterai-je une magnificence,

Qui doit sa vaine pompe à l'art, à la puissance !

Ces palais de verdure, et ces eaux et ces fleurs

Qui changent mille fois de formes, de couleurs,
Que la main de l'esclave un instant les néglige,
Et soudain vous verrez leur fastueux prodige
Se flétrir et tomber comme ces arbrisseaux
Que le ciel a privés de la fraîcheur des eaux.

Mais toi, qu'en se jouant dessina la nature,
Tu ne dois rien à l'art et rien à l'imposture,
O ma belle forêt! en vain les aquilons,
De leur souffle glacé désolent tes vallons;
En vain le ciel en feu dévore tes ombrages;
Du Nord et du Midi défiant les outrages,
Tu nous offres l'aspect d'un vaste et beau jardin,
Que dorent à l'envi les rayons du matin.

Muse, arrêtons un peu; nos vagabondes rimes
D'un aussi beau sujet ne peignent que les cimes :
L'ensemble du modèle échappe à tous les yeux.
Il est temps d'arrêter ce vol capricieux.
Sans plus nous égarer, peignons un point champêtre
Que d'un simple coup d'œil on puisse reconnaître :
Choisissons ici près, comme un des plus heureux,

Ce modeste coteau qu'on nomme *Mont-Pierreux*. (5)

Oui, celui qui rêva le chemin circulaire

Arrondi sur le flanc de ce mont populaire,

D'où je vois, les regards tournés à l'Orient,

Un spectacle si beau, si riche, si riant,

A certes mérité, si le siècle était juste,

Qu'au lieu le plus marquant on élevât son buste.

Que j'aime sa pensée! aucun point de nos bois

Ne permet d'embrasser plus d'objets à la fois.

Ici, du *Mont-Aigu* la chaîne romantique

Couvre sa nudité des pins de la Baltique,

Et m'offre, par l'effet de ses mille vallons,

L'horizon dentelé des plus verts mamelons.

Là, deux monts éloignés dominent les bocages;

L'un, où je vais rêver, couvert d'épais ombrages;

L'autre, dont vingt Élus couronnent les hauteurs, (4)

Comme un rassemblement d'arbres contemplateurs.

Les regards veulent-ils éviter les montagnes?

Dociles à nos vœux, les plus vastes campagnes

Déroulent, en fuyant aux portes du matin,

D'une foule d'objets le spectacle incertain.

D'aspects moins attrayants les yeux sont-ils avides?

Voyez ces rocs aigus et ces rochers arides,
Et ces bancs sablonneux, servant d'ombre au tableau,
D'où, comme une oasis, jaillit Fontainebleau.

Dans les brûlans déserts de l'inculte Arabie
Que long-temps illustra la reine Zénobie,
Parmi la solitude et les sables mouvans
Où règnent en courroux le soleil et les vents,
Avec étonnement le voyageur admire
Les restes merveilleux de l'antique Palmyre ;
Ainsi, las des rochers, l'étranger aux abois
Voit surgir un Palais au milieu de ces bois.
Mais, qui pourrait te peindre, ô ma cité chérie,
Alors que des autans l'intrépide furie,
Donnant un libre cours à ses fougueux efforts,
Déracine en grondant les chênes les plus forts ?
Toi, soutenant l'éclat de ta royale tête,
Calme dans ton vallon, tu braves la tempête ;
Et tu sais nous offrir, dans ton noble repos,
L'aspect majestueux d'une île au sein des flots.
Ainsi, forêt, cité, rochers, vallons, abymes,
Quand un ciel éclatant s'arrondit sur vos cimes,

2

Je vois dans votre ensemble un groupe végétal
Qu'environne l'azur d'un globe de cristal.

Tel est, ô ma forêt! ton riant caractère.
Je t'ai vue, il est vrai, plus sombre, plus austère;
Mais nos arts ont enfin adouci ta fierté.
Tes monts, que désolait une âpre nudité,
(Leur sol aride, ingrat, nous fut long-temps rebelle)
Sont couverts maintenant de verdure éternelle;
Et le tendre ramier vient chanter ses amours,
Aux lieux où la Nature expirait sans secours.
Outre cet avantage, ô Muse! il est encore
Un aimable intérêt, dont le charme colore
L'antre le plus affreux, les bois les plus déserts;
Il embellit aussi le sujet de mes vers :
Ce divin enchanteur est la Reconnaissance.
O mon heureux pays! tu lui dois la naissance,
Si les faits que j'ai lus ne sont pas mensongers;
Mais les livres souvent sont de faux messagers.
Nous avons toutefois quelques raisons d'y croire;
Le nom, les eaux, tout vient à l'appui de l'histoire;
Et tant qu'un autre fait ne sera pas prouvé,

Celui-ci parmi nous doit être conservé.

O toi, que la nature a couronné de roses,
Toi, qui sus prodiguer la grâce aux moindres choses;
Peintre de l'éléphant, du loup, du vermisseau,
Bon Lafontaine, ici prête-moi ton pinceau.

Dans ces temps d'ignorance, où, saintement guerrière,
L'Europe, du Bosphore inondait la frontière,
Où chacun, imitant un dévouement si beau,
Courait vaincre ou mourir au pied du saint tombeau,
Ma forêt, qui n'était qu'un fief héréditaire,
Comme tant d'autres lieux, demeura solitaire :
On fuyait ses halliers que l'on trouvait hideux;
Et Louis sept régnait, de par Innocent deux.

Un jour (Fontainebleau n'existait pas encore),
Un jeune cavalier, vainement, dès l'aurore,
S'épuisait à poursuivre un chevreuil aux abois.
Déjà même, déjà, pour la seconde fois,
Il était au moment de forcer son azyle,
Quand, par des bonds légers, le quadrupède agile,

Au milieu des rochers du mont le plus voisin,

Comme un rapide éclair a disparu soudain,

Sans laisser de ses pas le plus faible vestige.

L'intrépide chasseur, étonné du prodige,

Fait voler son coursier par dessus tous les monts,

Et d'un pareil essor, il franchit les vallons.

Mais en vain; de la bête il a perdu la trace;

Et son mauvais destin, pour comble de disgrâce,

Vient d'égarer ses pas en des lieux désolans,

Parmi des rocs affreux et des sables brûlans

Qui n'offrent nul espoir de trouver une source.

L'astre brillant du jour, au milieu de sa course,

Répand sur les humains mille torrens de feux :

Tout sèche, tout languit, tout brûle sous les cieux;

Et la voix du zéphir, languissante, épuisée,

N'est plus qu'un feu subtil, une haleine embrâsée,

Qui des arbres à peine agite les rameaux.

Le chasseur, accablé sous le poids de ses maux,

Cherche plein d'espérance une onde salutaire;

Mais un funeste sort à ses désirs contraire

Semble le détourner de l'objet de ses vœux.

Il cherche vainement ; enfin le malheureux ,.

Vaincu par la fatigue et par l'air qu'il respire ,.

Tombe de son coursier. Oublirais-je de dire

Qu'un chien, ami fidèle, accompagnait ses pas ?

Élevé par son maître, il ne le quittait pas :

Partageant ses plaisirs , ses dangers , son audace ,.

Il partageait aussi le tribut de sa chasse ;.

Et jamais une injure, un traitement brutal ,.

N'avait découragé le fidèle animal.

Aussi , toujours alerte et toujours en haleine ,.

A la moindre parole il volait sur l'arène ,.

Ou rampait humblement sur la terre couché..

Par l'excès du malheur encor plus attaché ,

Aujourd'hui que son maître, en ces forèts profondes ,

Implore vainement le doux bienfait des ondes ,

Dévoré comme lui de funestes ardeurs ,

Il semble du Midi mépriser les rigueurs ,

Pourvu qu'un faible mot , un regard , un sourire ,

Vienne lui révéler que son maître respire.

Cependant les rayons du céleste flambeau

Semblent à chaque instant brûler d'un feu nouveau :

Rien n'en peut modérer la splendeur dévorante ;
Et toute la nature en paraît expirante.
Le jeune infortuné va terminer son sort.
Mais, ranimant ses sens par un dernier effort,
Il voit à ses côtés son compagnon fidèle
Victime, ainsi que lui, de la chaleur cruelle ;
Il connaît jusqu'où va son instinct merveilleux,
Et songe à l'éprouver en ce cas périlleux.

Entre les vrais amis il est plus d'un langage
Dont le sentiment seul peut enseigner l'usage ;
Et les signes souvent disent plus que la voix.
D'abord il le caresse, et lui montre les bois,
L'aridité des cieux, l'affreuse solitude
Dont le calme brûlant fait son inquiétude ;
Puis, posant sur son front sa languissante main,
De sa bouche enflammée il fait tomber soudain
Les flocons argentés d'une salive ardente.
Du maître qu'il comprend voulant remplir l'attente,
Bléau, c'était son nom, s'élance comme un trait,
Et dans le bois voisin s'enfonce et disparaît.
« Va ! dit le malheureux, avec un œil d'envie,

« Ainsi que le bonheur je te devrai la vie.

« Si le sort ne rend pas tes secours imparfaits,

« Je récompenserai ton zèle et tes bienfaits.

« Mais reviens, ou bientôt mes destins sont horribles. »

Ciel ! d'où viennent ces cris ? quels aboiemens terribles,

Provoquant tout-à-coup les échos indiscrets,

D'un tumulte effrayant font trembler les forêts ?

Le chasseur, s'efforçant de calmer son vertige,

Se lève et vers les cris lentement se dirige,

Dans l'espoir consolant d'échapper au trépas.

A peine dans le bois a-t-il fait quelques pas,

Qu'il voit son compagnon ; ses efforts intrépides

Font voler le terrain sous ses pattes rapides ;

Il creuse sans relâche au pied d'un arbrisseau ;

Et souvent dans la fosse alongeant son museau,

Il semble pressentir le fruit de son ouvrage.

Le jeune infortuné reprend gaîment courage.

Mais, quel objet charmant vient réjouir son cœur !

Une source jaillit. . . . . « Pure et fraîche liqueur,

« Présent plus précieux que tout l'or du Potose,

« Te voilà donc, enfin ! » Il dit, et se repose

Sur ces bords inconnus, qu'un sombre désespoir
Lui montrait comme étant son funèbre manoir.
Cependant, ranimé par l'effet du breuvage,
Il veut quitter enfin sa retraite sauvage.
Les monts ont du soleil intercepté les traits,
Et les ombres bientôt vont couvrir les forêts.
Ciel ! que tout est changé ! les arbres, la verdure,
Tout avec la fraîcheur a repris sa parure ;
Un air d'enchantement règne au milieu des bois,
Et mille heureux oiseaux font entendre leurs voix.
Lui-même, pénétré d'un charme involontaire,
Il s'éloigne à regret de ce lieu solitaire.
Mais quand il reprenait son passe-temps si doux,
L'onde mystérieuse était son rendez-vous ;
Il y venait suivi de son dogue fidèle,
Dont ce bienfait rendit la mémoire immortelle :
Aussi long-temps après, quand naquit le château,
On ne la nommait plus que *Fontaine-Bléau*.
Mais depuis qu'on a vu son onde pure et claire
De l'onde surpasser la fraîcheur ordinaire,
Elle a, pour sa beauté, pris un titre nouveau,
Et mérité le nom de *Fontaine-Belle-Eau*.

O vous ! qui désirez voir le lieu qu'elle arrose, (5)
Venez et souriez à la métamorphose.
Ce n'est plus ce bois sombre où, privé de secours,
Notre jeune chasseur pensa finir ses jours ;
C'est un vaste jardin, où l'art et le génie,
Domptant d'un sol ingrat la rigueur infinie,
Ont enfin égalé les chefs-d'œuvre divers,
Que l'aimable Delille a chantés dans ses vers.
Vous, dis-je, dont le cœur aime la rêverie,
Venez interroger la nouvelle Égérie :
Un souverain puissant l'embellit et l'aima ;
Mais il ne suivit point l'exemple de Numa.
Là, parmi les gazons dont ce séjour abonde,
Elle épanche à flots purs les trésors de son onde ;
Puis, quittant à regret ses bords délicieux,
Dans un gouffre profond se perd à tous les yeux.

Hélas ! dans cette image est le sort de la vie.
L'homme en tous ses projets guidé par la folie,
Au terme de ses jours arrive pas à pas,
Victime dévouée au gouffre du trépas.

NOTES

⬡

Page 6, vers 10.

(1) *Chez lui s'enferme et joue à de stupides jeux.*

En 1815, je travaillais de mon état à Saint-Nazaire, petit village situé à l'embouchure de la Loire, et dont la plupart des maisons tournent le dos à la mer. Voici ce dont j'ai été témoin : un orage vient-il à éclater ? c'est un jour de repos. Les habitans, qui sont tous pêcheurs, rentrent chez eux, s'enferment et jouent tant que dure l'orage. Cependant, j'allais m'asseoir sur un des rochers dont cette partie du rivage est hérissée, afin de jouir du spectacle sublime d'une tempête. J'aimais à m'exposer aux innombrables bouffées d'écume que les raffales envoient jusque dans les terres, à deux cents pas au-dessus du village.

Quand je rentrais à la maison, on m'accueillait avec ces

paroles dignes de toute l'insouciance du sauvage : *Eh bien !*
vous avez vu de l'eau ?

—

Page 14, vers 11.

(2) *C'est ici, qu'il jouait aux jeux de son enfance.*

Après la chasse, le jeu favori de Henri IV, était le *Mail,*
qui était alors en fort grande vogue. Il y allait souvent jouer
sur la colline qui s'élève en face de l'allée de Maintenon, et
qui prolonge cette avenue jusqu'au vallon qui la sépare des
rochers de Bougligny. Cette colline, qui depuis ce temps a
conservé le nom de *Mail de Henri* IV, offre un point de vue
qui en fait un des sites les plus visités de la forêt : c'est à peu-
près le même coup d'œil que sur le Mont-Pierreux. Cependant
j'ai du choisir ce dernier pour en faire la description, attendu
que je le préfère au point qui lui est opposé.

—

Page 16, vers 1.

(3) *Ce modeste coteau qu'on nomme* Mont-Pierreux.

Le Mont-Pierreux, ou Perreux, (et je préfère la première

dénomination par la raison que l'étymologie m'en paraît au moins motivée), le Mont-Pierreux, dis-je, est la hauteur, au Nord-Ouest de la ville, ayant à ses pieds le Cimetière et l'Hospice dit de la Chambre, fondé par Mme de Montespan.

Le chemin dont il est question est nouveau, et il est fait à l'instar des routes pratiquées dans les Alpes par ordre de Napoléon. On arrive au sommet de la montagne sans s'en apercevoir; et le soin qu'on a pris de supprimer tout ce qui masquait l'aspect du levant, permet à l'œil de planer sur une des plus jolies perspectives qu'on puisse voir.

Page 16, vers 16.

(4) *L'autre, dont vingt Élus couronnent les hauteurs.*

Il m'a semblé que le mot Élus, pouvait convenir d'une manière heureuse aux baliveaux ou arbres de réserve, qui sont sur la hauteur du Monceau.

Page 25, vers 1.

(5) *O vous! qui désirez voir le lieu qu'elle arrose.*

Cette fontaine existait encore en 1811. A cette époque,

l'architecte du château fit défricher toute la partie du terrain qui environnait la source, et fit de cet emplacement un vaste jardin pittoresque arrosé par le méandre de la mystérieuse fontaine. Les limites naturelles de ce jardin sont, au Nord, l'aile neuve du château ; au Levant, la pièce d'eau dite l'Étang ; et au Midi, la route de Moret.

La destinée de ce jardin est d'être bouleversée tous les cent ans environ. Il l'a été par François Ier, au commencement du 16e siècle ; par Henri IV, au commencement du 17e ; par Louis XV, au commencement du 18e ; et par Napoléon, au commencement du 19e. Dans un siècle, on verra.

CHANT SECOND.

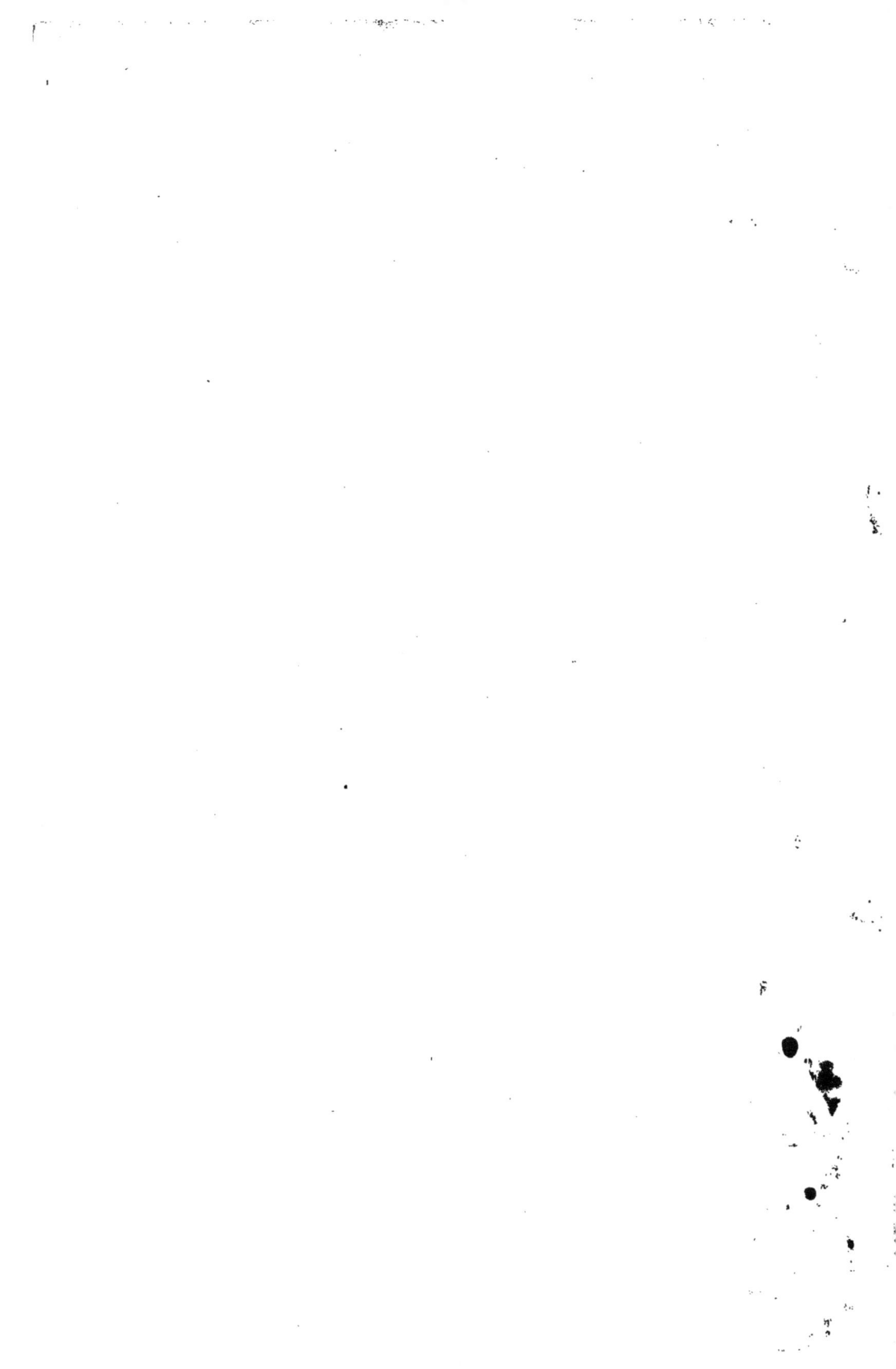

Chant Second.

—

LES BOIS.

. . . . Quæ legat ipsa Lycoris.

Virg.

A peine je touchais au printemps de mes jours,
Qu'à toute heure, en tous lieux et dans mille discours,
Las d'entendre vanter les Romains, leur génie,
Je quittai mes forêts pour les champs d'Ausonie.

5

Rome, ce nom superbe étonnait ma raison.....
Je voulus, profitant de ma jeune saison,
Admirer ses palais, ses tombeaux, ses portiques,
Où gisent des Césars les dépouilles antiques,
Et rêver sur leur cendre au néant des grandeurs.
Toi, qui guidas mes pas sur ces bords enchanteurs,
Déité, ma compagne aux champs de l'Italie,
Viens, descends dans mon cœur, douce Mélancolie ;
Rappelle-moi ce jour, où de vagues désirs
Me fesant dédaigner les vulgaires plaisirs,
Et créant dans mon ame une ardeur vagabonde,
Ont livré ma jeunesse à l'océan du monde.

Tu le sais, en quittant l'asyle paternel,
Cent fois je fis en pleurs le serment solennel
De n'oublier jamais les lieux de ma naissance :
Adieu, disais-je, adieu, séjour de mon enfance,
Frais vallons, bois touffus, noirs rochers, monts déserts,
Qui me rendez heureux, qui m'inspirez des vers,
Et qui vîtes jadis, ô regrets pleins de charmes !
Et mes premiers plaisirs, et mes premières larmes ;
Adieu, plus n'entendrez ma lyre ni ma voix ;

Je quitte vos rochers, j'abandonne vos bois,

Et transfuge à regret de vos déserts sauvages,

Je vais en gémissant sur de lointains rivages

Satisfaire un penchant qui règne dans mon cœur.

L'ardeur de voyager me domine en vainqueur.

Mais, soit qu'aux champs romains, soit qu'à ce bord célèbre

Où du tendre Virgile est l'asyle funèbre,

De mes excursions je dirige le cours;

Soit que, cherchant des lieux plus chéris des amours,

Je baigne de mes pleurs cette roche fameuse

D'où, victime jadis d'une flamme amoureuse,

Sa lyre entre ses bras, la vierge de Lesbos

De dépit et d'amour se plongea dans les flots;

Jamais ton souvenir, ô ma chère patrie,

Ne pourra s'effacer de mon ame attendrie.

Eh! pourrais-je oublier les plaisirs, les bienfaits

Que je dus, jeune encore, à tes ombrages frais!

Vallons délicieux, que le zéphir caresse,

Rochers, forêts, torrens, que j'aime avec ivresse,

C'est vous qui, m'arrachant au chaos des cités,

Sûtes guider mes pas dans ces lieux écartés

Où l'homme, de son être osant sonder l'abyme,

Reconnaît les erreurs dont il est la victime,

Et, des sots préjugés rejetant le poison,

Ose enfin écouter son cœur et sa raison.

C'est vous dont les tableaux, nourrissant mon délire,

En faveur des forêts ont inspiré ma lyre ;

Et peut-être sans vous, dans le rang dont je sors,

Le froid de l'indigence eût glacé mes transports.

Mais à peine ai-je vu cet océan d'ombrages

S'agiter mollement au souffle des orages,

Puis gronder, et mêler ses sauvages concerts

A la voix des autans déchaînés dans les airs,

Puis, quand renaît le calme au sein de la nature,

Imposer le silence à ses flots de verdure,

Que, bien jeune, il est vrai, mais ravi, transporté,

J'osai de ces tableaux esquisser la beauté,

Et, malgré les censeurs dont j'encourais le blâme,

Peindre les sentimens qu'ils font passer dans l'ame.

Ô douce volupté! qu'alors j'étais heureux !

Un livre, une forêt suffisaient à mes vœux.

Cependant je partis ; pareil en ce voyage,

Au vaisseau que les vents éloignent du rivage,

Et qui, seul, au hasard, sans frein ni matelots,

Vogue, triste jouet du caprice des flots.

Ainsi le sort guida ma jeunesse incertaine.

Quel fruit ai-je obtenu de ma course lointaine?

Ah ! j'ai vu qu'en tous lieux pour son séjour natal

L'homme avait un penchant, de tout penchant rival ;

Et que plus ce séjour est sauvage, champêtre,

Plus profond dans le cœur est l'amour qu'il fait naître.

Ainsi près du Jura, ce peuple agriculteur,

De ses antiques lois fidèle observateur,

Est célèbre surtout par cette sympathie

Qui l'attache aux rochers de sa chère Helvétie.

Le sort l'a-t-il conduit en de pompeux châteaux?

Il regrette en son cœur ses agrestes côteaux.

Tel est des bois sur nous le souverain empire.

Mais tandis qu'emporté par l'ardeur qui m'inspire

Et le cœur captivé par des objets touchans,

A des bords étrangers je consacre mes chants,

Ai-je donc oublié les rives de la Seine,

Et les bois et les monts qui bordent son domaine?

Pourquoi sur mille objets égarer mes pinceaux?

La Seine est si féconde en gracieux tableaux !
Je reviens donc à toi, fleuve aimable et tranquille,
Fleuve qui des beaux arts baignes le noble asyle,
Et qui dans tes détours, sagement indiscret,
Du cristal de tes eaux caresses ma forêt ;
Salut, enfant des monts chers au dieu des vendanges !
Que j'aurais de plaisir à chanter tes louanges,
Si la divinité qui préside à ma voix
Ne venait me forcer de rentrer dans mes bois !
J'obéis donc au vœu de la docte immortelle ;
Mon luth va soupirer des accords dignes d'elle :
Volons, tandis qu'aux champs la bruyère et le thym
Sont humides encor des larmes du matin.

Du terrestre séjour franchissant la barrière,
S'élève cependant l'astre de la lumière ;
Ses rayons éclatants volent de toutes parts ;
La terre avec ivresse accueille ses regards ;
De mille chants d'amour sa présence est suivie ;
Il rend au monde entier la chaleur et la vie,
Et sa marche pompeuse au vaste champ des airs
Annonce avec grandeur le Dieu de l'univers.

Pour éviter les feux du monarque superbe

Passons par ce chemin que vient tapisser l'herbe,

Et dont le jeune bois m'offre un abri léger.

Ce triste lieu naguère était plus passager ; (1)

Il conduisait alors à la cité des larmes !

Il voyait chaque jour une foule en alarmes

Pour des restes glacés implorer le Sauveur ;

Il n'entend aujourd'hui que les pas du rêveur.

La Mort n'y paraît plus ; elle a changé d'asyle ,

Après avoir ici précipité la ville :

La ville ici repose ; et ses dix mille voix

Ont un plus faible son que la feuille des bois !

Rien de l'éternité n'y trahit les mystères....

Un jour a dévoré les tristes caractères

Empreints sur les tombeaux , et le reptile impur

Dans ces débris humains trouve un asyle sûr.

Déjà le bûcheron, d'une main peu mystique ,

Arrache les appuis de cet enclos rustique,

Et le tertre funèbre arrosé de nos pleurs,

Bientôt se couvrira de verdure et de fleurs.

Ainsi, tout disparaît ; ainsi, la terre entière

Ne présente à nos yeux qu'un vaste cimetière ;

Ainsi pauvres, puissans, justes ou criminels,
Aucun n'a révélé par des mots solennels
Les desseins qu'a sur nous le monarque suprême.
Quoi! me réserve-t-il un châtiment extrême
Pour avoir exprimé, sceptique audacieux,
Le désir innocent de le connaître mieux?
Grand Dieu, s'il était vrai que ta personne auguste
Ressemblât au portrait sombre, cruel, injuste,
Tracé par des docteurs oracles des autels,
Quel serait le destin des malheureux mortels?
Quel est l'homme, habitant le trône ou la chaumière,
Qui blasphèmant cent fois ne maudît la lumière;
Et, brisant en courroux l'œuvre du créateur,
N'appelât le néant pour son consolateur?...
Le néant, car enfin, si l'ame, après la vie,
De tourmens éternels est encor poursuivie;
S'il est des maux sans fin, n'importe en quel séjour,
L'homme, comme un bienfait, doit-il bénir le jour?....

Muse, de ces pensers fuyons, fuyons la source!
Le soleil est bientôt au milieu de sa course,
Et dans notre forêt nous n'avons fait qu'un pas ;

Quittons ces tristes lieux, domaine du trépas.

L'agreste *Mont-Chauvet*, où je me plais à lire,

Saura nous inspirer un moins sombre délire.

Que tous ces jeunes bois à mes yeux ont d'attraits !

C'est ici, sous l'abri de leurs ombrages frais,

Que je viens, au printemps, dès l'aube matinale,

Cueillir du blanc muguet la branche virginale,

Ou bravant le venin d'un moderne Python,

De la fraise épier le merveilleux bouton.

Cette saison n'est plus ; déjà le pâle automne

Répand sur ma forêt sa teinte monotone ;

Et l'affreux aquilon, par de longs sifflemens,

Arrache de nos bois les légers ornemens.

Quel mont couvert de rocs s'oppose à mon passage ? (2)

Ainsi qu'en nos jardins la colline d'usage,

Cet énorme rocher n'est point artificiel :

Montons ; sur les hauteurs on est plus près du ciel.

En arrêtant ses pas sur la pointe des cimes,

Qui n'a point éprouvé d'émotions sublimes ?

Qui n'a dit aux humains : « Mon œil illimité

» Plane sur vous, semblable à la divinité ! »

O Mont-Chauvet ! sur toi, l'homme le plus modeste

Se croit un habitant de la voûte céleste;

Tant, selon ses désirs, tes rocs capricieux

Semblent sur leurs sommets le porter dans les cieux !

Je dois te célébrer, j'en ai fait la promesse;

Ta fontaine souvent me tint lieu de Permesse;

Je m'y plais, que le ciel soit nuageux ou pur,

A relire les vers du chantre de Tibur.

Ta grotte, tes rochers, le chêne qui t'ombrage,

L'isolement des lieux, tout retrace à notre âge

Le *Fons Blandusiœ* du poète romain. (5)

Je ne puis, comme lui, t'immoler de ma main

Un timide chevreau dont le front jeune encore

De son double croissant à peine se décore ;

Mais deux fois chaque année, à l'automne, au printemps,

Je viendrai près de toi rêver quelques instants,

Et charmer de mes chants ton onde solitaire.

Il est d'autres beautés que je ne dois pas taire,

Et qui font avec toi le charme de ces lieux.

Sur ces vastes côteaux laissons errer nos yeux.

Vallons, bois et rochers, sauvage amphithéâtre,

Où le cerf orgueilleux , où la biche folâtre,

Dans le calme du soir viennent brouter en paix ,

Pittoresques débris couverts de bois épais,

Est-ce un feu souterrain , qui, du sein des abymes,

A vomi les rochers qui couronnent vos cimes ?

Ou ces bizarres monts d'inégale hauteur

Ne sont-ils en effet qu'un jeu du créateur ?

Je ne sais , mais enfin si ce coup d'œil unique

Fut ainsi disposé par un bond volcanique ,

Le hasard eut sans doute un merveilleux dessein.

On dirait un beau lac, un antique bassin

Victime , à l'Orient, d'impétueux ravages,

Et dont l'onde infidèle aurait fui les rivages.

Si je reproduisais les différens tableaux

Qu'un si vaste sujet présente à mes pinceaux ,

Je livrerais ma toile à des couleurs sans nombre ;

Mais déjà l'univers prend une teinte sombre;

Saluons le tableau qui sut me transporter.

Quel objet surprenant vient soudain m'arrêter ?

Je contemple étonné les divines images

De ceux dont le génie a forcé nos hommages;

La croix et le croissant viennent frapper mes yeux, (4)
L'une, hélas ! sur la terre , et l'autre dans les cieux....
Quel souffle dévorant, quel inconnu délire
Font vibrer , malgré moi, les cordes de ma lyre?
Silence! téméraire , arrête ce transport,
N'éveille pas l'orage en t'éloignant du port !
En vers mélodieux , faisons plutôt connaître
Celui qui cisela l'écorce de ce hêtre.
Que sur le cœur de l'homme un désir est puissant!
Muse, raconte-moi ce fait intéressant.

Dans ces temps orageux où Bellone en furie
De l'amour des combats embrâsait ma patrie ,
Quand le cri de la guerre et l'effroi du repos
Aux rivages du Nil appelaient nos drapeaux ,
Un ami des beaux arts, jeune et rempli de charmes ,
Ebloui des hauts faits qui signalaient nos armes,
Voulut , sans doute las de goûter le bonheur,
Suivre nos combattans au chemin de l'honneur.

Il aimait, cependant; Adèle, jeune et sage,
Voyait avec douleur les projets du volage,

Et lui disait souvent : « Ingrat! je le vois bien,

» Ton cœur indifférent ne répond plus au mien.

» Ah ! reste parmi nous , reste, je t'en conjure;

» Un souffle créateur anime la nature;

» Le printemps vient de naître, et mille objets nouveaux

» Réclament tes crayons , ta lyre, tes pinceaux ;

» Ose-tu préférer, dans ta sombre manie,

» Les lauriers de la guerre aux palmes du génie ?

» Ton cœur sensible et bon ne te dément-il pas ?

» Du sang? voilà le cri du guerrier aux combats! »

Edgard , bien.qu'attendri, gardait son air farouche ;

La gloire est le seul mot qui sortait de sa bouche.

Il promit cependant de hâter son retour ;

Et, voulant dans ces bois consacrer leur amour,

L'amant et son amie ont imprimé naguère

Les chiffres que tu vois sur l'écorce légère.

Puis Edgard, étouffant des regrets superflus,

Quitte enfin la beauté qu'il ne reverra plus.

L'amour de son pays, l'horreur de l'esclavage,

De l'homme le plus doux font un guerrier sauvage;

Rien ne peut l'arrêter; et le bras du héros

Du sang de l'Africain fait ruisseler les flots.

Les lauriers qu'il chérit vont ombrager sa tête!
Mais, voilà qu'au milieu de l'affreuse tempête,
Edgard chancelle et tombe ! en vain mille succès
Aux plaines d'Aboukir ont vengé les Français;
L'amant est prisonnier, et la horde Numide
Le plonge, tout sanglant, dans une grotte humide,
Où jamais les regards de l'astre lumineux
Du plus faible rayon n'avaient lancé les feux.

Ainsi s'évanouit le songe de la gloire......
Incertain sur son sort, il craint et ne peut croire
Que, fixant sa demeure en cet affreux séjour,
On le prive à jamais de la clarté du jour.
Eh ! qui jamais renonce à la douce espérance?
Hélas, il eut le temps de regretter la France.
Que de fois il maudit la gloire et ses lauriers !

Précipitant le cours de leurs travaux guerriers,
Les Français, cependant, dans l'Europe asservie,
De Bellone à leur gré dirigeaient la furie;
Et, fiers d'exterminer, renversaient à la fois
Les cités, les remparts, les trônes et les rois.

Leur chef en peu de temps eût dévasté le monde,
Si le ciel, qu'irritait sa fougue vagabonde,
N'eût résolu sa perte en plaçant pour écueil,
Au fond de la Russie, un piège à son orgueil.
Dès lors, le conquérant, après vingt ans de gloire,
Se voit précipité du char de la victoire,
Et la France salue à ses divins autels
La paix, divinité des vertueux mortels.

Le doux printemps renaît; les fleurs et la verdure,
A la voix de Zéphir, ont repris leur parure;
A la ville, au hameau, dans les champs, dans les bois,
Tout rentre sous le joug des amoureuses loix;
Le ciel semble sourire, et la terre embellie
Redevient le séjour de l'aimable folie.
Mais, tandis que je peins ces beaux jours passagers,
Que fait notre héros sous des cieux étrangers?
Las! il n'espérait plus : enchaîné dans la fange,
Souffrant de mille maux l'effroyable mélange,
Son ame, qu'irritait un destin si cruel,
Avait cessé de croire au monarque éternel!
Sur ses projets de gloire il lançait l'anathème;

La mort lui paraissait la volupté suprême,

Quand, de son noir cachot perçant l'obscurité,

Un messager de paix lui rend la liberté.

Qui peindra son bonheur, ses transports, son ivresse,

Lorsqu'il revit les bois témoins de sa jeunesse?

Douces émotions, moments délicieux !

Vous êtes ce bonheur tant promis par les dieux.

Mais hélas ! il apprend, par un ami fidèle,

Qu'il ne reverra plus sa vertueuse Adèle;

Son cruel abandon l'avait mise au tombeau.

Edgard, désespéré de ce malheur nouveau,

Et déplorant le sort de la beauté qu'il aime,

Comme un fantôme errant, vient à cet endroit même,

Où, croyant au bonheur, en des temps plus heureux,

Adèle avait gravé leurs chiffres amoureux.

De loin il reconnaît ces tendres caractères,

Et, craignant d'être en proie à de douces chimères,

Il approche, il regarde, et distingue trop bien

Le nom de son Adèle enlacé dans le sien.

Ce moment douloureux eut pour lui quelques charmes,

Et ses yeux attendris laissent couler des larmes.

Qui n'a point tressailli, ne tressaille toujours,

Au nom cher et sacré de ses premiers amours ?

» Le sort cruel, dit-il, a consommé son crime,

» Et la plus chaste amante est enfin ma victime!

» Comment puis-je expier mes coupables erreurs?

» Ombre de mon Adèle! ah! du moins dans les pleurs,

» Je verrai s'écouler le reste de ma vie.

» J'ai pu me séparer de ma première amie!

» Mon cœur au doux plaisir est pour jamais fermé;

» Je ne méritais pas le bonheur d'être aimé.

Ainsi, faibles humains, par d'invisibles causes,

Nous ignorons souvent le mérite des choses;

Puis, quand mieux éclairés sur le prix des instants

Nous voulons en jouir, hélas! il n'est plus temps.

Muse, quittons ces lieux, et, dédaignant les routes,

Frayons-nous un chemin sous ces lugubres voûtes.

Je brûle d'arriver vers le Bouquet du Roi..

Ce bel arbre toujours eut des attraits pour moi.

Déjà je le distingue à sa fière stature :

Les derniers feux du jour dorent sa chevelure.

Le chantre Portugais, en voyant ce Nestor,

Trouverait qu'il ressemble au monstre Adamastor.

Toi, dont la nuit des temps cache le premier âge,
Et dont avec transport j'aime l'antique ombrage,
Géant de la forêt, noble *Bouquet du Roi*, (5)
Que l'œil du voyageur admire avec effroi ;
Si le souffle inconnu, la végétale vie
Qui dans un double corps tient ta sève asservie,
Ne voile pas ton front, empreint de majesté,
Du lugubre bandeau qu'on nomme cécité ;
Si tel est, en effet, le bonheur de ton être,
Patriarche des bois, tu dois me reconnaître.
C'est que depuis le jour où la main du hasard
Te créa l'ornement de l'agreste bazar,
Villageois, citadins et nobles personnages,
Nul ne fit près de toi plus de pèlerinages.
Poussé par je ne sais quel démon familier
Qui s'empara de moi quand j'étais écolier,
Soit que le ciel, armé des feux de la torride,
Fit du vaste empirée une fournaise aride,
Soit qu'il se dérobât dans l'humide brouillard,
Je venais, comme on vient visiter un vieillard,
Qui, dans son ermitage, à la foule ravie
Révèle quelques-uns des secrets de la vie,

Et, d'un titre sublime à nos yeux revêtu,

De l'homme infortuné ravive la vertu.

Toi, donc, qui réunis, sous une immense écorce,

La taille, la beauté, la vieillesse et la force,

Si le ciel, un instant infidèle à ses loix,

Favorisait ton sein d'une éloquente voix,

Quel torrent précieux de vérités sublimes

Chez les humains surpris verseraient tes deux cimes !

Que de faits jusqu'à nous ne sont pas parvenus,

Qui seraient à l'instant dévoilés et connus !

Monarque des forêts, à la forme androgyne,

Tu nous révélerais l'incertaine origine

Du palais de nos rois, et de Fontainebleau.

Ce nom fut-il celui d'un chien nommé *Bléau*,

Qui, pressé par la soif, fit, en creusant l'arène,

Jaillir les flots bruyans d'une claire fontaîne ?

Tu nous affranchirais de cette obscurité.

Et toi, contemporain de ma belle cité,

Es-tu le premier né de la vaste famille

Qui, sous une humble écorce, autour de toi fourmille ?

Sans doute aucun rival ne vit à son berceau

Les temps où tu n'étais qu'un fragile arbrisseau.

Qu'est devenu celui qui déposa ton germe ?

Quel mortel à tes jours peut assigner un terme ?

D'un siècle qui n'est plus orphelin solennel ,

Comme ta vieille mère es-tu donc éternel ?

Oh ! j'en eus la pensée, à ton air, à ta forme,

A l'immense contour de ton colosse énorme.

Cependant tu vieillis ; ton front depuis long-temps

Porte l'affreux cachet du courroux des autans ;

Soit que, pour conserver l'agréable et l'utile,

Tu te sois dépouillé d'une branche infertile ;

Soit qu'un malin esprit t'ait livré sans vigueur

Au souffle rugissant de l'Aquilon vainqueur ;

De ton épais feuillage une palme superbe,

D'un effroyable coup fut atteinte, et sur l'herbe

Tomba comme un débris précipité des cieux :

L'endroit qu'elle occupait afflige encor les yeux.

Mais ce léger revers facilement s'oublie,

Et ta mâle beauté n'en est pas affaiblie.

Tel on voit, dans les rangs de nos jeunes soldats,

Un héros qui vingt ans, sous le feu des combats,

Des champs du Borysthêne aux campagnes de Rome,
Promena triomphant les drapeaux du grand homme;
Vieux, il est jeune encore et porte avec orgueil
Des traces qui cent fois l'ont dû mettre au cercueil;
Ulm, Austerlitz, Iéna, Wagram en lui respirent;
La patrie et l'honneur sont les dieux qui l'inspirent;
Le roi, les grands, l'armée et le peuple inconstant
Rendent à sa valeur un hommage éclatant.

Ainsi le poids des ans, le courroux des tempêtes,
Et le spectre hideux qui moissonne les têtes,
Ensemble t'ont porté les plus terribles coups :
Ferme comme un héros tu les as bravé tous;
Et tu règnes en paix sur ta longue avenue,
Les pieds au noir abyme, et le front dans la nue.
Oh! que n'ombrageais-tu ces bois religieux,
Dont la fable raconte un fait prodigieux!
Aux temps où, consacré par de nombreux miracles,
Un chêne à haute voix prononçait des oracles;
Chez ce peuple, où l'erreur prodiguait les autels,
Ta gerbe eût obtenu l'hommage des mortels;
L'aigle de Jupiter, traversant l'empirée,

Eût arrêté son vol sur ta cime adorée;

Et les Nymphes des bois, aux gracieux contours,

Auraient voulu t'offrir le tribut des beaux jours.

Tous les Dieux.... mais, que dis-je, étrange conjecture!

Ne les as-tu pas vus ces Dieux de l'imposture?

Non ceux que, de Byzance et du pays latin,

Pour le Dieu de Solyme a chassés Constantin;

Mais les Dieux impuissans de nos aïeux barbares;

Ces monstres adorés sous cent formes bizarres;

Divinités des Francs et des rois chevelus,

Et dont l'âge a brisé les temples vermoulus.

Certes, tu peux du moins, vieillard mélancolique,

Avoir ouï les sons de la harpe gallique,

Alors que des Romains le dernier proconsul

Renversa dans nos bois le temple d'Irminsul;

Ou bien quand des Normands la horde sanguinaire

Assiégea dans Paris Louis-le-Débonnaire.

Le temps a tout détruit; on n'a plus pour les bois

La vénération qu'on avait autrefois;

Les dieux n'y viennent plus recevoir nos hommages;

On n'y voit plus errer de sanglantes images;
De ses doux attributs l'arbre est désenchanté;
Son ombre est sans terreur, son front sans majesté.
Toi seul as conservé ce sombre caractère
Qui semble recéler un effrayant mystère.
Magnifique, éloquent, bien que silencieux,
Véritable pasteur de ces sauvages lieux,
Ton aspect nous remplit de surprise et de crainte;
On hésite à percer la ténébreuse enceinte,
Où jamais en été les rayons du soleil
Ne virent folâtrer le papillon vermeil.

Et pourtant, rien ne manque à ces belles retraites;
Tous les sites charmans chantés par les poètes,
Et ceux qu'ont reproduits les plus doctes pinceaux,
Ne sont rien, comparés à ces mouvans berceaux.
On s'y croit transporté sous la vague profonde
De ces vastes forêts des premiers jours du monde,
Quand, pour venger les cieux, la foudre, en longs éclats
N'avait point mutilé leurs gigantesques bras.
O vieux héros des bois! ta monstrueuse tige
Aisément au rèveur fait croire ce prodige;

Soit qu'il médite, assis sous la noire épaisseur
Du hêtre, ton voisin, ton rival en grosseur,
Qui se rit de la foudre, et, dans les cieux qu'il cache,
Balance les rameaux de son triple panache;
Soit que, cherchant des lieux à l'homme plus soumis,
Il salue en passant ces deux chênes amis
Qui, bien que séparés par une large route,
Forment en s'embrassant une élégante voûte,
Et dont les troncs meurtris, vides et crevassés,
Semblent deux vieilles tours, filles des temps passés.
Tu règnes sur eux tous, vieux colosse sauvage,
Qui, pareil au palmier de l'africain rivage,
Noblement dégagé d'un branchage partiel,
Réserves tes rameaux pour les baisers du ciel.
Aussi, qui mieux que toi mérite la couronne?
La plèbe des forêts, qui t'aime et t'environne,
T'a nommé justement son légitime roi,
Et les Grands, tes voisins, s'inclinent devant toi.

Tu possèdes encore un noble privilége
Où ma Muse entrevoit la main qui te protége.
Placé sur le sommet d'un champêtre séjour,

Une heure avant nos champs tu vois le dieu du jour ;
Et, quand il a franchi l'Occident qu'il colore,
De ses divins rayons tu resplendis encore :
Tels on voit deux amans, à l'heure du départ,
Faire éclater leur feux dans un dernier regard.

Oh ! que ce nom d'amant réveille en ma pensée
De rêves dont mon âme est doucement bercée !
Ils ne reviendront plus ces jours où, sans effroi,
La timide beauté venait, seule avec moi,
Sur nos monts, redoutés de la pudeur craintive,
Prêter au bruit des vents une oreille attentive.
Rochers, témoins discrets de nos jeunes amours,
Bois, où je hasardai tant d'innocens discours,
Bel arbre, que mes vers ont essayé de peindre,
Vous savez si jamais elle eut sujet de craindre.
Toi, surtout, qui nourris deux robustes jumeaux,
Nous visitions souvent tes antiques rameaux.
Un jour que devant toi nous étions en extase,
Il nous vint à l'esprit de mesurer ta base.
Jeunesse est curieuse, et c'est depuis long-temps ;
Nous comptions, à nous deux, seize et dix-huit printemps.

Aussi, sans balancer, l'espiègle vive et franche,
Avec un doux souris, me donne sa main blanche;
Je l'unis à la mienne, et nos bras étendus
Trois fois après ton sein demeurent suspendus.
Enfin, j'arrive au but marqué par mon amie;
Mais je n'y trouve plus cette vierge chérie;
Qui, joyeuse et brûlant de me jouer un tour,
Se tenait à l'abri de ton vaste contour.
Je vole, mais en vain; mon agilité vive
S'épuise et n'atteint pas ma belle fugitive;
Quand, par un trait malin, revenant sur mes pas,
La folâtre beauté vient tomber dans mes bras.
Moment délicieux! alors, et je l'avoue,
Ma bouche osa presser les roses de sa joue;
Un aimable incarnat la colora soudain,
Et son cœur ingénu palpita sous ma main.

O douces voluptés du printemps de la vie!
Illusion d'un jour, hélas! trop tôt ravie!
Ton souvenir échappe à mes regrets amers,
Comme un vaisseau qui fuit sur la vague des mers.

Bel arbre, j'ai chanté ton magnifique ombrage. (6)
Puissent mes faibles chants, répétés d'âge en âge,
Atteindre, grâce à toi, le moment où les dieux
A la nature humaine ont fixé tes adieux !
Oh! qui n'envierait pas tes nobles destinées?
Superbe, vigoureux, fier et chargé d'années,
Tu règnes sur nos bois, et tu plais aux humains
Comme les vieux débris des monumens Romains.

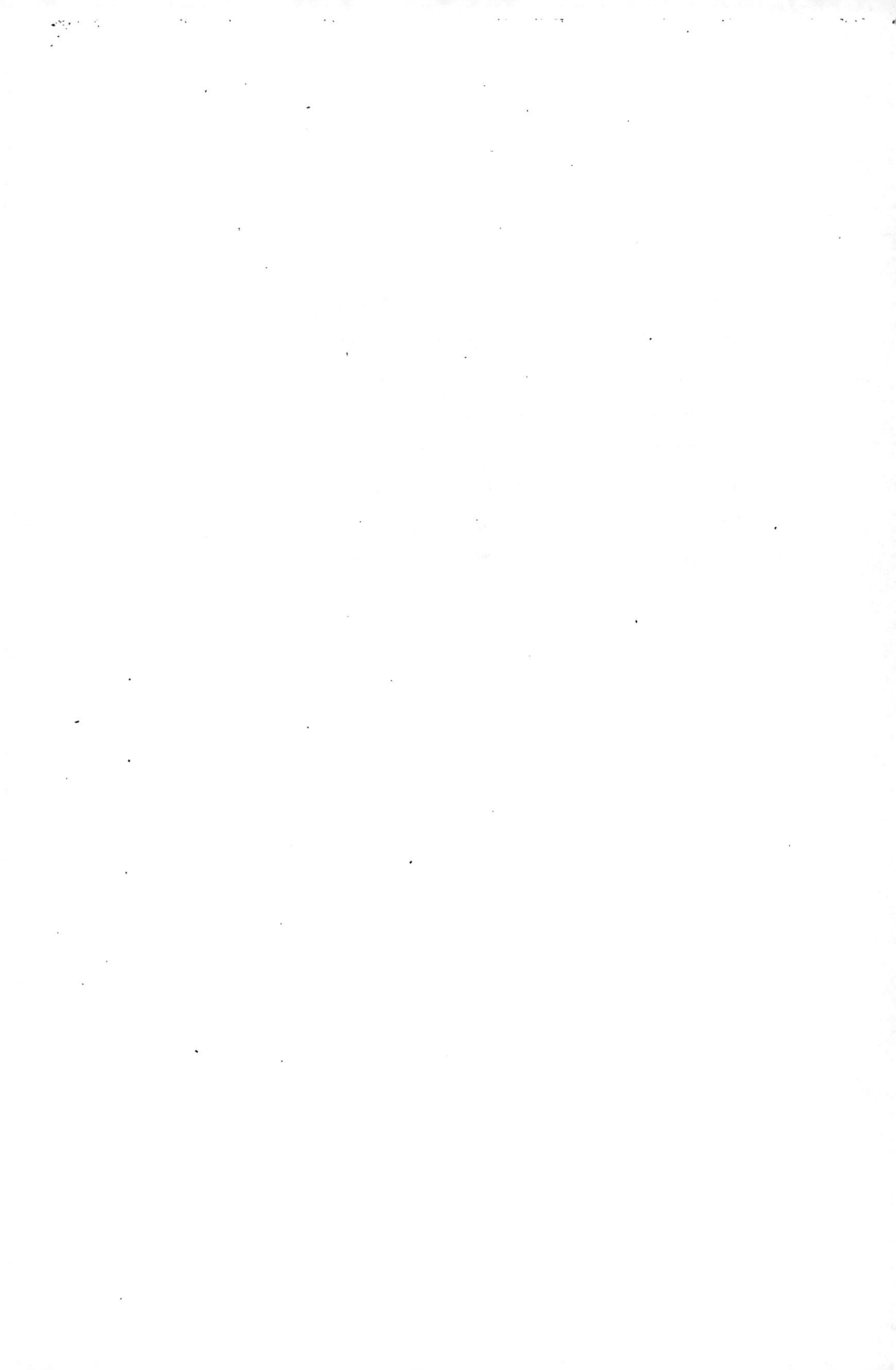

NOTES

✥-❍-✥

Page 59, vers 4.

(1) Ce triste lieu naguère était plus passager !

Il est ici question de l'ancien Cimetière de la ville, lequel est situé à l'angle Nord de la plaine de l'Hospice du *Mont-Pierreux*.

Son emplacement n'offrant plus aucune trace de sa destination mortuaire, on parle de le rendre à la végétation.

—

Page 41, vers 14.

(2) *Quel mont couvert de rocs s'oppose à mon passage ?*

Ce Mont est la hauteur appelée vulgairement le *Nid de l'Aigle*, et qui fait partie du *Mont-Ussi*. C'est dans une des Vallées de cette montagne que se trouvent beaucoup de chênes antiques et curieux : Le *Charlemagne* et sa nombreuse famille de branches; les *Quatre fils Aimon*, énorme chêne, à cheval sur un rocher.

—

Page 42, vers 10.

(3) *Le* Fons Blandusiæ *du poète romain.*

Outre la similitude de ce nom avec le nom latin de Fontainebleau, la Fontaine de Blanduse, à Tibur près de Rome, a encore quelque ressemblance avec notre fontaine du *Mont-Chauvet*. On ne connaît pas l'origine de cette dernière, et la plus ancienne inscription qu'on trouve sur les rochers qui l'environnent est de 1700. C'est là que se font tous les repas champêtres, attendu qu'on est sûr d'y trouver de l'eau fraîche en tout temps.

—

Page 44, vers 1.

(4) *La croix et le croissant viennent frapper mes yeux.*

Du point où j'étais, je voyais la *Belle-Croix*, et le croissant de la lune qui paraissait alors.

La Belle-Croix est placée à cent pas du Rocher *Saint-Germain*, célèbre par ses cristaux de grès.

Le fameux chêne *Clovis* est voisin de la Belle - Croix. Cet arbre, qui en formait deux autrefois, n'a plus que l'écorce; encore présente-t-elle au Nord une ouverture, par où plusieurs personnes peuvent s'introduire et se cacher ensemble dans le tronc du vieil arbre.

—

Page 50, vers 5.

(5) *Géant de la forêt, noble.* Bouquet du Roi,

Tout le monde sait qu'on a donné le nom de *Bouquet du Roi* à l'un des plus vieux chênes de la forêt de Fontaine-bleau. Ce bel arbre a environ vingt pieds de circonférence.

—

Page 59, vers 1.

(6) *Bel arbre, j'ai chanté ton magnifique ombrage.*

Les beaux arbres de la Forêt et leurs riches ombrages
n'ont pas seulement été chantés par les poètes ; ils sont encore
journellement reproduits sur la toile par une foule de peintres.
Un jeune artiste, mon compatriote, M. *Philippe Benoist*,
achève en ce moment un tableau de vingt pieds superficiels,
représentant un des endroits les plus curieux de la Forêt,
vulgairement appelé *le Déluge*.

La vérité et le coloris de ce beau tableau ne laissent rien,
ce me semble, à désirer. La manière large et poétique dont
M. *Benoist* a su retracer un des sites les plus sauvages de la
Forêt, annonce un peintre qui doit faire honneur à notre ville
natale, et je m'en réjouis d'avance.

CHANT TROISIÈME.

Chant Troisième.

—

ASPECT DU CHATEAU.

> . . . . Quæque ipse miserrima vidi,
> Et quorum pars fui. . . . .
> Virg.

S'il est beau d'admirer, du sommet des montagnes,
Le spectacle enchanteur des fertiles campagnes,
De voir des champs, des bois, autour de nous épars,
Comme un tableau mouvant offert à nos regards,

Qu'il est doux, quand le soir ramène le silence,

Et que l'astre des nuits sur l'horizon s'élance,

A la faible clarté de son pâle flambeau,

De rêver sous les tours d'un antique château !

Par le calme des lieux l'ame en soi recueillie

Se livre avec transport à la mélancolie.

L'aspect des vieux donjons ou du triste beffroi

Imprime à notre esprit un agréable effroi.

Soudain, aux souvenirs qui se glissent dans l'ame,

L'imagination se réveille et s'enflamme ;

On croit voir, et l'on voit, à l'heure de minuit,

La troupe des lutins se promener sans bruit :

On les voit, revêtus de vêtemens funèbres,

Glisser furtivement au milieu des ténèbres,

Ou dresser devant nous leur fantôme imposteur.

On frémit ; mais bientôt un rayon bienfaiteur

De l'astre qui des nuits est le plus doux prodige,

De ces illusions dissipe le prestige.

Tel est sur les humains le magique pouvoir

Qu'ont, dans l'obscurité, les murs d'un vieux manoir.

Auteurs, qui gravement traitez ces badinages,

Que de fois je frémis en lisant vos ouvrages !

Que de fois le retour de l'astre du matin

Me surprit éveillé le livre dans la main !

Jeune, je dévorais ces merveilleux mensonges.

La moitié de la vie est en proie à des songes ;

Et je n'en parle ici qu'avec émotion.

Mais c'est trop prodiguer mon admiration.

A des frivolités que la raison condamne.

Le chantre de Roland, sur sa lyre profane,

A jadis épuisé tous les enchantemens.

Eh ! pourquoi recourir à ces vains ornemens ?

A l'homme observateur que la sagesse éclaire,

Sans démons, sans lutins, mon château saura plaire.

Aussi bien, avançons ; déjà le jour s'enfuit,

Et bientôt vont briller les flambeaux de la nuit.

Traversons à pas lents cette enceinte déserte ;

Foulons ces verts gazons dont la terre est couverte ;

Saluons cet asyle, où je vis quelques fois

Le souverain pontife et le maître des rois. (1)

De ce tertre, élevé sur de lourdes arcades

Que devaient embellir de bruyantes cascades,

Un lieu vaste et charmant s'élargit devant moi :

Ce modeste parterre est le Jardin du Roi.

A ce nom fastueux, quelle est notre surprise !

Où sont les grands effets que ce titre autorise ?

Rien ne rappelle ici les royales splendeurs.

Des arbres, des bassins, des gazons et des fleurs ;

Quelle simplicité ! mais le sage préfère

A la pompe, à l'éclat, ce simple caractère ;

Et, pour mettre le comble à son enchantement,

Il ne faut rien de plus au poète, à l'amant.

Une rose est pour eux une douce merveille.

Quel est ce léger bruit qui frappe mon oreille ?

Approchons ; j'aperçois, au centre d'un bassin,

Sur un socle de pierre un long tube d'airain.

Son sommet précipite une onde qui murmure ;

Un vase la reçoit, la répand à mesure ;

Et, prodigue à son tour, la coupe au large bord

Epanche sur les flots son liquide trésor.

Ce groupe, qui pourtant, dit-on, n'est pas sans grâce,

Est bien loin d'égaler le rocher qu'il remplace.

Oh ! que je préférais ce roc marécageux,

Environné de joncs et de roseaux fangeux,

Et m'offrant, par l'effet de son bloc formidable,

Le tableau ravissant d'une île inabordable!

Un torrent inondait cet agreste séjour;

Et, pour le protéger contre les feux du jour,

Deux sapins, qu'animait la blanche tourterelle,

Déployaient de leurs bras la verdure éternelle.

On eût dit qu'employant de redoutables mots

Un habile enchanteur l'eût fait jaillir des flots.

Quel mortel imprudent, quelle main téméraire

Osa désenchanter cette île solitaire,

Et métamorphoser son charme séducteur

En un colifichet qui ne dit rien au cœur?

Sur cet audacieux, dans son dépit extrême,

La Muse de Delille eût lancé l'anathême;

Tant ce rocher plaisait au chantre des jardins!

Mais de l'astre du jour les rayons incertains

Sur le pâle horizon se dessinent encore.

Par degrés, cependant, le mont se décolore,

Et la clarté s'éteint sous la brise du soir.

Assis sur le gazon, oh! combien j'aime à voir,

Quand l'ombre m'environne et que l'Aquilon gronde,
Ces jardins, ce château, cette forêt profonde!
De ce château surtout les milles pavillons
Surmontés de longs dards, rangés en bataillons,
Me font l'effet d'un camp qu'un demi-jour éclaire.
J'aime fort le bon-mot de ce digne insulaire,
Qui, voyant ces palais plus bizarres que beaux,
Ecrivit sur l'un d'eux : *Rendez-vous de Châteaux.*
Ce mot peint d'un seul trait la confuse structure
De ces corps isolés bâtis à l'aventure.

Mais, du côté plaisant quittons les vains attraits;
Le spectacle des cieux m'offre de plus beaux traits.
Je suis seul; et Phébé par sa douce présence
A plongé l'univers dans un morne silence.
Contemplons à loisir la voûte où l'Éternel
A gravé de son nom l'emblême solennel ;
Où cent mille flambeaux, qu'un vif éclat décore,
Sur les pas de la nuit se sont hâtés d'éclore.
Le nombre et la beauté de ces astres épars
Etonnent ma pensée et charment mes regards.
Tableaux majestueux, qu'un soleil pur anime,

Fuyez! le jour est beau, mais la nuit est sublime.
Tout me dit qu'en ces lieux empreints de majesté,
Plane invisiblement une divinité :
Tout révèle à mon cœur, avec magnificence,
Et sa bonté suprème et sa vaste puissance.

Oh ! si j'osais prétendre à ce divin rayon
Dont le ciel anima les Muses d'Albion !
Si, dans mon infortune, un aimable génie
Daignait de mes accords seconder l'harmonie !
Au maître, au créateur de ce bel univers,
Avec ravissement consacrant tous mes vers,
J'irais, je chanterais sur ma lyre inspirée,
Cette voix qui, du haut de la voûte azurée,
Commande au vaste empire, et dirige le cours
Du torrent indomptable et des nuits et des jours.
Mais pareils à ces fleurs, dont l'agreste nature
Orne le sol ingrat d'un vallon sans culture,
Mes chants mélodieux résonnent au hasard,
Simples comme au hameau, sans parure et sans art.

Toutefois, si ma Muse, en ses chansons modestes,

Ne doit point aborder les régions célestes,
Du moins, j'aurai chanté le sauvage tableau
Des forêts dont la cime orne Fontainebleau :
J'aurai peint de nos lacs la surface paisible,
Et le roc ébranlé par l'Aquilon terrible,
Du limpide ruisseau le cours silencieux,
Et l'horrible fracas des torrents furieux.
Et quand le doux printemps, cette saison des roses,
Parfumera nos bois de fleurs fraîches écloses,
Que, d'aimer et de plaire inspirant le désir,
Le front gai, le sein nu, l'amante de Zéphir
Exhalera partout son haleine embaumée,
Que du tilleul en fleur la branche parfumée
Formera sur nos fronts un agreste berceau,
Avec Tasse, Virgile, Ossian ou Rousseau,
Je viendrai visiter ces riantes prairies,
Et repaître mon cœur d'aimables rêveries.

Voluptés du bel âge, ô fortunés momens
Prodigués sans mesure aux fidèles amans,
Souris, aveux, regards, illusions légères,
Vous ne me bercez plus de vos douces chimères !

La naïve beauté, dans un trouble enchanteur,

Ne me dit plus, hélas ! le secret de son cœur.

Qu'il est bientôt passé le printemps de la vie !

Que son doux souvenir plaît à l'âme ravie !

Oh ! que ne puis-je encore éprouver un seul jour

Les plaisirs, les tourmens du véritable amour !

Beauté, qui sur mon ame obtiendrais cet empire,

Tes beaux yeux doubleraient le charme qui m'inspire :

Mes vers, en attendant l'heure du rendez-vous,

Couleraient, pour te plaire, et si purs et si doux !

Les regards d'une amante enflamment le génie.

J'ose vous invoquer, Attala, Virginie,

Douces vierges d'amour, anges de volupté,

Prodiges de vertu, de grâce, de beauté,

Vous n'êtes pas le fruit de ces riants mensonges

Qu'un cerveau fantastique enfante dans ses songes ;

La France vous vît naître, et les heureux mortels

Qui vous ont, dans leurs chants, élevé des autels,

Ont obtenu de vous, non sans de douces larmes,

Le prix du beau talent qu'ils n'ont du qu'à vos charmes,

Ainsi, favorisant de tendres souvenirs,

La nuit dans ces beaux lieux est fertile en plaisirs ;

Un instinct consolant y suit l'ame rêveuse,
Et dans son infortune elle se trouve heureuse.

Mais l'aube matinale a blanchi l'horizon ;
Une humide vapeur humecte le gazon ;
La brise du matin caresse le feuillage ;
La voix de Philomèle éveille le bocage ;
Le calme disparaît ; tout s'agite à la fois,
L'indolente cité, les champs, les eaux, les bois ;
Et, déjà, l'Orient, qu'un feu léger colore,
M'annonce le retour d'une nouvelle aurore.
C'est l'heure des travaux : je vous fais mes adieux,
Palais, parc et forêt, séjour délicieux
Que la nuit va bientôt dégager de ses voiles ;
Canal éblouissant aux feux de mille étoiles,
Enormes peupliers dont les fronts orgueilleux
Touchent du roi des rois le palais merveilleux,
Solitaire jardin, bosquets, gazons, cascades,
Coup d'œil majestueux, charmantes promenades,
Tableau simple et touchant digne de l'âge d'or ;
Que j'aurai de plaisir à vous chanter encor,
Quand je disposerai de quelqu'heure imprévue !

Mais de plus grands objets viennent frapper ma vue.
Sur cette masse informe et parmi tous ces dards,
Ne vois-je pas flotter l'un de nos étendards ?
Oui, voilà le drapeau d'Austerlitz et d'Arcole,
Cet enfant glorieux de la romaine école,
Dans les sanglants débats ce talisman vainqueur,
Qui de tout vieux guerrier fait tressaillir le cœur.
Qu'il se plaît à flotter sur le palais célèbre,
Où, las de triompher dans le Nord et sur l'Èbre,
Le conquérant goûtait les douceurs du repos !
Comme en ses jours de gloire, il est fier et dispos.
Mais, de nos droits sacrés sentinelle attentive,
Il attend, pour briser la paix qui le captive,
Que le Russe barbare ou l'imprudent Germain
En signe de menace ose lever la main ;
Et, sans appréhender l'invasion qu'il brave,
Il voit avec dédain les apprêts du Batave.
Hé ! qui ne songerait à nos brillants exploits
En voyant ce drapeau, qui fit trembler les Rois,
Qui les soumit au joug de sa grandeur suprême,
Flotter paisiblement sur le château qu'il aime ?
Car il chérit ces lieux, comme ces vieux soldats

Que naguere a meurtris la foudre des combats,

Et qui, preux chevaliers, sont venus à la ronde,

Camper dans cette ville en souvenirs féconde, (2)

Et saluer la cour et le double gradin

Qui virent les Adieux de l'homme du destin. (3)

Tant ce lieu réunit, éloquent répertoire,

De pompe, de revers, de génie et de gloire!

Oh! quand règnent les temps où, par Dieu rappelé,

Le souffle de la vie enfin s'est exhalé,

Si l'ame s'affranchit de la demeure sombre,

C'est là que d'un héros doit planer la grande ombre;

Car aucun des palais du soldat couronné

Ne le vit plus heureux ni plus infortuné.

Que la prospérité rapidement s'écoule!

Ici, dans ce jardin, j'ai vu les rois en foule

Suivre timidement l'orgueilleux souverain

Qui les tenait courbés sous un sceptre d'airain.

Jours glorieux! c'était le beau temps des conquêtes.

Les nuits retentissaient du tumulte des fêtes:

Edifices, palais, jardins, bosquets nombreux,

Tout, jusqu'aux bords des eaux, étincelait de feux.

Ce faste, ces grandeurs, cette magnificence
Du moderne César proclamaient la puissance :
Le vulgaire et les grands se traînaient sur ses pas;
On prenait pour un Dieu le démon des combats.

Que de fois son coursier, pulvérisant la terre,
Dévora le contour de ce vaste parterre,
Et d'un rapide élan passa devant nos yeux
Comme ces feux légers qui volent dans les cieux !
Par fois le conquérant, à pied, la tête nue,
Foulait de Maintenon la royale avenue;
Où, suivi d'un essaim de belles, de héros,
De ce lac enchanteur il sillonnait les flots.
Ce pavillon secret, cette île blanche et ronde,
Qui ressemble au palais du monarque de l'onde,
A souvent abrité le grand dominateur.
Le projet d'embellir ce domaine enchanteur
Au milieu des combats tint son ame occupée.
Quand l'Europe en fureur eut brisé son épée,
Conservant dans ses traits tout l'orgueil d'un romain,
C'est ici qu'il signa, de sa terrible main,
L'acte qui le plaçait, lui, colosse de gloire,

Au rang des souverains dédaignés de l'histoire !

Et quand, las de subir un ignoble néant,

Il vint recommencer son œuvre de géant,

Avec ce doux effroi qu'on goûte après l'orage,

Il revit les rochers témoins de son naufrage,

Et la table de pierre, où son noble drapeau

A trouvé dans la flamme un glorieux tombeau.

Dévoûment mémorable! héroïque incendie!

Avec Napoléon, malgré la perfidie, (4)

Vous passerez sans doute, à la postérité.

Muse, faisons ici briller la vérité.

Toi, qui dans tous les temps, en faits d'armes féconde,

As vaincu mille fois les monarques du monde,

O France ! ô ma patrie! un désir plein d'appas

Dans les camps, jeune encore, ayant guidé mes pas,

Long-temps j'ai combattu les rivaux de ta gloire,

Et payé de mon sang l'honneur de la victoire.

Le prix que j'en obtins est au fond de mon cœur.

Aujourd'hui qu'Apollon, de son souffle vainqueur,

A rallumé le feu de ma première ivresse,

Je vais fouler encor les rives du Permesse.

Moi qui naquis dans l'ombre et dans l'adversité,

Quels seraient et mon zèle et ma félicité,

Si, le ciel exauçant ma téméraire attente,

Je pouvais animer la trompette éclatante !

Je dirais les combats, la gloire, les revers,

Des guerriers dont l'audace eût soumis l'univers,

Si d'horribles frimas, triste sujet de larmes,

N'eûssent glacé leur sang et fait tomber leurs armes !

Mais, pour oser chanter ces merveilleux exploits,

Il me faudrait d'Homère et la lyre et la voix ;

Tandis que je n'obtins d'une docte Immortelle

Qu'un luth harmonieux à ses bosquets fidèle,

Habile à moduler de folâtres chansons,

Mais n'osant s'élever à de plus nobles sons.

Cependant j'ai juré que mes faibles ouvrages

Auraient l'unique but d'illustrer tes ombrages,

O ma belle forêt ! un fait bien glorieux,

A l'ombre de tes bois, s'est passé sous mes yeux :

Je vais en retracer la douloureuse image.

La France subissait le joug de l'esclavage.

Du grand Napoléon le sceptre redouté

6

N'imposait plus ses lois à l'univers dompté.

L'Europe triomphait, d'innombrables Tartares,

Méprisables guerriers grotesquement barbares,

Avaient abandonné les cavernes du Nord,

Où naguère ils s'étaient dérobés à la mort,

Et, traînant avec eux toute la Germanie,

Promenaient en cent lieux leur audace impunie.

De hideux cavaliers, vil rebut des mortels, (5)

Déjà souillaient l'azyle et les champs paternels;

Et le bois que j'aimais, envahi par la force,

Vit leurs maigres coursiers dévorer son écorce;

Quand l'aigle, tout-à-coup planant sur l'horizon,

Vint déjouer encor l'horrible trahison.

A peine un faible jour éclairait la prairie.

Non loin de ma forêt, les fils de la patrie,

Las de vivre, et voulant mourir ou se venger,

D'un feu vif et roulant réveillaient l'étranger.

Un instant il voulut résister à nos braves,

Et, croyant dans ces bois nous créer des entraves,

Des arbres l'un sur l'autre entassés avec art

S'était fait à la hâte un monstrueux rempart,

D'où sa noble valeur comptait nos funérailles ;

Quand du sein de nos rangs, le bronze des batailles

Tonne, gronde, ravage, écrase avec fracas

Rochers, monts et remparts, tentes, coursiers, soldats.

Braves sur les hauteurs, vainement ces Vandales

Font pleuvoir sur nos fronts une grêle de balles ;

Nos favoris de Mars, toujours audacieux,

Semblables aux Titans escaladant les cieux,

Montrent dans cet assaut un courage héroïque,

Et chassent devant eux la tourbe germanique,

Ainsi que l'Aquilon de sa bruyante voix

Disperse dans les airs la dépouille des bois.

Je les vis, ces enfans de la Scandinavie,

Mendier à genoux le bienfait de la vie !

Ou Thersites nouveaux, réduits à se cacher,

Se disputer l'abri d'un arbre ou d'un rocher !

Ils ont dû rendre hommage à notre caractère.

Un ennemi vaincu pour nous n'est plus qu'un frère ;

Tandis que tant de fois leur lâche inimitié

Nous a dans la défaite immolés sans pitié ! (6)

Cependant, nos guerriers s'avançaient en colonne,

Et livraient à regret aux fureurs de Bellone

Ceux qu'un fatal orgueil poussait à nous braver.

La profondeur des bois seule put les sauver.

Le reste épouvanté fuit d'azyle en azyle,

Et rougit de son sang le pavé de la ville.

Honneur à nos guerriers, dont le bras courageux

Délivra ma forêt de ces hôtes fangeux !

Mais, comme on voit la mer, au souffle de l'orage,

S'avancer, reculer, puis inonder la plage,

L'Invasion enfin a de ses flots impurs

De la cité superbe enveloppé les murs.

Oui, Paris indigné voit un troupeau d'esclaves

Souiller insolemment le champ du dieu des braves,

Et ces heureux soldats de la fatalité

Se regardent, surpris de leur félicité.

O peuple infortuné ! trahison des plus noires !

Ce jour va nous ravir le fruit de cent victoires.

Vous tous qui, las de vaincre, avez quitté le jour,

Ombres de nos héros ! au céleste séjour

Où vous goûtez le prix de vos vertus guerrières,

Vous, qu'on vit, affrontant les balles meurtrières,

Préférer le trépas au moindre des affronts,

Quelle noble rougeur a dû couvrir vos fronts !
Mais hâtons ce récit : des bardes plus célèbres
Oseront déchirer le voile de ténèbres
Qui couvre à nos regards cet indigne attentat,
Et de l'honneur français rétabliront l'éclat.

C'était dans la saison où, légère et fidèle,
Plane déjà sur nous la frileuse hirondelle,
Alors que, sur les vents, l'intéressant oiseau
Vient, d'un monde inconnu, retrouver son berceau.
Le mois cher aux amours ne régnait pas encore;
Mais, féconde en beautés, chaque nouvelle aurore
Développait le sein d'un germe créateur.
Tout prenait sous le ciel un aspect enchanteur.
Du zéphir caressant l'haleine douce et pure
Balançait les rameaux d'une tendre verdure.
Inévitable effet des amoureuses lois,
Des bruits mystérieux sortaient du fond des bois;
Et du chant des oiseaux l'allégresse infinie
Remplissait ma forêt d'une vaste harmonie.
Tout enfin répondait au souffle du printemps.

Ce charme des beaux jours ne dura pas long-temps.

A la voix du grand Homme, une vaillante armée,

De honte, de vengeance et de rage enflammée,

Imitant dans son cours le fracas des torrens,

Inonde le pays de ses débris errans.

Ma forêt se transforme en un camp formidable.

Les échos sont frappés d'un bruit épouvantable :

Ce sont des chars pesans arrivant tour à tour;

C'est le cri des soldats; c'est le son du tambour;

C'est le pied des chevaux frappant, creusant la terre;

C'est l'aspect imposant de ces foudres de guerre

Dont l'effroyable sein, dans un fougueux transport,

Doit vomir à la fois le carnage et la mort;

Et ces mille foyers qu'au bivouac on allume,

Et dont l'ardente flamme en un instant consume

Le genêt aux fleurs d'or, l'épine aux blancs rameaux,

Et le corps tout entier de nos jeunes ormeaux.

Au nombre de ces feux dont la flamme avec zèle

Dévore le tribut de la saison nouvelle,

J'en veux signaler un, dont le grand souvenir

Charmera les guerriers des siècles à venir.

Par de-là ce rocher de bizarre structure,
Où l'invisible main de la docte Nature
Taille en groupes charmants le roc cristallisé,
Est un vaste plateau solitaire et boisé,
D'où l'œil du voyageur avec plaisir découvre
Le fleuve dont les eaux baignent les pieds du Louvre,
Et l'antique cité qui, du temps des Romains,
Abandonna son camp sans en venir aux mains. (7)

Là s'offre à nos regards une table grossière (8)
Que dégradent les flots d'un siècle de poussière;
Mais qui d'un fait sublime attend un grand renom,
Et conte au voyageur et son âge et son nom.
D'un seul fragment de roc son plateau se compose,
Et, rectangle parfait, sur cinq appuis repose :
Rangés à ses côtés, quatre sièges sans art
Au passant fatigué font bénir le hasard.
C'est là qu'un bataillon de la garde invincible,
Ignorant l'attentat pour elle si sensible,
Attendait, pour voler au secours de Paris,
Que l'aurore eût montré son divin coloris.
La déesse des nuits, d'un long crêpe voilée,

En silence régnait sous la voûte étoilée :
Tout semblait reposer ; seulement quelques voix
Perçaient de temps en temps la profondeur des bois ;
Monotones clameurs du soldat qui surveille,
Tandis qu'autour de lui tout se tait ou sommeille.

Cependant, précurseur des rayons du matin,
Zéphir agite l'air de son souffle incertain.
Déjà, de rose et d'or une teinte légère
Déploie à l'horizon sa beauté passagère ;
Bientôt l'astre de feu , qu'un bras divin conduit ,
Chasse en d'autres climats les ombres de la nuit ,
Et, montrant aux humains son image adorée ,
D'une vive splendeur inonde l'empirée.

Nos braves , pour voler où l'honneur les attend ,
N'avaient pas sans murmure attendu cet instant.
Il fallut leur montrer une auguste défense.
Enfin il est brisé le joug qui les offense ,
Et l'armée en avant s'ébranle avec fureur ,
Au cri victorieux de *Vive l'Empereur !*

Voilà qu'un messager , plus rapide qu'Eole ,

Paraît à l'horizon , bondit , s'élance , vole ,

Arrive , et , souhaitant n'avoir jamais été ,

Nous révèle à grands traits l'affreuse vérité,

Si l'orageux empire ou siègent les tempêtes

Avec un bruit terrible eût croulé sur nos têtes ,

L'épouvantable aspect d'un si vaste chaos

D'une moindre surprise eût frappé nos héros.

Nul ne prétend survivre à cette ignominie :

Le fer brille en leurs mains pour s'arracher la vie.

Que n'ont-ils à choisir un plus noble trépas !

Déjà ces tristes mots sont proférés tout bas :

« Souvenirs qui rendez ma douleur plus amère,

» Adieu, ma bien-aimée ! adieu, ma tendre mère !

» Vous à qui j'espérais raconter nos exploits ,

» Hélas ! je pense à vous pour la dernière fois.

» Je ne puis supporter le destin qui nous dompte ;

» Vous ne reverrez plus ce front couvert de honte ;

» L'honneur est dans la tombe, adieu, ma mère, adieu ! »

Un chef, que son devoir retenait en ce lieu ,

Apprend avec effroi cet excès de courage ;

Lui-même avait été surpris pleurant de rage ;

Mais, bien qu'il partageât la commune douleur,
Il se sentait plus grand, plus fort que le malheur :

« Grenadiers, nous dit-il, enfans que la victoire
» A cent fois ombragés des palmes de la gloire ;
» Guerriers, dont l'univers est justement jaloux ;
» Quel affreux désespoir s'est emparé de vous ?
» Vingt lâches potentats rêvent déjà leur proie ;
» Voulez-vous leur complaire et les combler de joie ?
» En mourant, vous fuyez, vous nous livrez aux fers !
» Voulez-vous donc servir de fable à l'univers ?
» Dites, que deviendra la France infortunée,
» Quand tous ses défenseurs l'auront abandonnée ?
» Soldats, que deviendront vos parens, vos amis ?
» A la mort, à l'opprobre, à la honte promis,
» Ils iront, enchaînés, arroser de leurs larmes
» Les champs que tant de fois ont illustrés vos armes.
» La froide Sibérie, en ses déserts glacés,
» Tristes et languissans, les verra dispersés.
» Alors ils maudiront la fatale imprudence
» D'avoir désespéré du salut de la France,
» Qui régnerait encor, si vingt peuples jaloux

» Ne s'étaient lâchement réunis contre nous.

» Ah ! puisqu'il faut céder, puisqu'enfin nos rivages

» Ont fléchi sous le joug de ces hordes sauvages ;

» Nous préserve le ciel d'aggraver notre sort

» Par un vil attentat, par une indigne mort !

» La gloire des Français doit rester grande et pure.

» Que ses nobles drapeaux soient exempts de souillure.

» Un ukase, jaloux de nous déshonorer,

» Demain nous forcera de nous en séparer.

» A cette indignité nous ne pourrions descendre.

» Eh bien ! qu'à l'instant même ils soient réduits en cendre ;

» Et qu'avant le coucher du céleste flambeau,

» Le sein de nos guerriers leur serve de tombeau. »

Mille confuses voix, des cris que rien n'entrave

Ont soudain applaudi les paroles du brave.

Enflammé par ce trait d'héroïque vertu ,

Chacun sent ranimer son courage abattu.

Tous brûlent d'accomplir le noble sacrifice ;

Et l'orateur guerrier choisit pour cet office

La Table que ma Muse a dépeinte en ses vers.

Réunis sur un tertre ombragé d'arbres verts ,

Nos guerriers, cependant, essuyant quelques larmes,
Dévoraient en secret l'affront fait à leurs armes :
Un courroux sanguinaire éclatait dans leurs yeux :
Voilà qu'un bruit confus de sons harmonieux
Fait passer dans les cœurs un instant d'allégresse.
Prolonge tes accords, aimable enchanteresse !
Ah ! puissions-nous puiser dans tes bruyants concerts,
L'oubli qu'on attribue au Léthé des Enfers !
Au charme d'une erreur c'est en vain que j'aspire,
La triste vérité nous tient sous son empire.
Ne vois-je pas déjà les apprêts douloureux
Du festin mémorable où vont siéger nos preux ?
Déjà, les sons flatteurs d'un air patriotique
Appellent nos héros vers la table rustique ;
Et l'un d'eux, sans effroi comme sans repentir,
Sur le nouveau bûcher pose l'Aigle martyr.
C'en est fait, et la flamme a dévoré l'emblème
Du dieu qu'avait armé la Victoire elle-même !
Etrange destinée après tant de hauts faits !
Ah ! consignons cet acte au nombre des bienfaits.
Nos yeux ne verront point une main sacrilège,
D'un indigne Français tenant son privilège,

Traîner avec mépris dans les murs de Berlin
L'Aigle qui dans sa serre a tenu le Kremlin !

Cependant, nos guerriers, que ce beau jour honore,
Se recueillent au bruit du roulement sonore.
Depuis leur noble chef jusqu'à l'humble tambour,
Devant la table sainte ils viennent à leur tour,
Et dans la rouge coupe, à tout moment tarie,
Chacun reçoit sa part de la cendre chérie.
Mais, ni l'isolement de ces lieux écartés
Que de profonds ravins cernent de tous côtés,
Ni de ces bois épais la ténébreuse cime,
N'ont pu tenir caché ce dévoûment sublime.
Les vainqueurs de Paris encor tout en émoi
Au milieu de leur garde en ont pâli d'effroi.

On dit même qu'à l'heure où la Nuit sur la terre
Vient dérouler sans bruit les voiles du mystère,
Vers la table, où fumait, le dernier jour de mars,
L'holocauste immortel, agréable au dieu Mars,
Si le moindre zéphir, qui dans les bois voltige,
Agite des ormeaux l'harmonieuse tige,

Le voyageur surpris entend dire à l'écho :
« *Ici fut inhumé l'Aigle de Marengo !* »

NOTES

Page 69, vers 19.

(1) *Le souverain Pontife et le maître des Rois.*

A Fontainebleau, et partout ailleurs, on croit générale-
ment que le Pape Pie VII ne sortit point de ses appartemens
pendant tout le temps que dura sa captivité dans notre
ville : c'est une erreur ; je le vis une fois, accompagné de
deux cardinaux, se promener dans le parterre, et tous trois
jetant quelque pâture aux cygnes de la pièce d'eau dite le
Tibre : Sa Sainteté ne me parut point triste. Ce nom du *Tibre*
devait lui rappeler tant de souvenirs !

Huit ans après, en septembre 1820, je revis, à Rome, le Souverain Pontife donnant sa bénédiction au peuple, à l'instant même où une éclipse de soleil jetait beaucoup d'inquiétude parmi la populace de cette antique capitale du monde; et, s'il est permis de lire la situation de l'ame sur la physionomie, ce saint vieillard me parut bien moins heureux que lorsqu'il était victime de la persécution.

—

Page 78, vers 5.

(2) *Camper dans cette ville en souvenirs féconde.*

La prédilection de Napoléon pour Fontainebleau, et les adieux touchans qu'il y fit à sa garde avant de partir pour l'île d'Elbe, ont jeté un attrait indéfinissable sur cette cité charmante. Aussi un grand nombre de vieux soldats sont-ils venus se fixer près du palais resplendissant encore du reflet de la gloire la plus gigantesque.

—

Page 78, vers 5.

(3) *Qui virent les adieux de l'homme du destin.*

Les adieux de Napoléon à sa garde devaient trouver ici naturellement leur place; mais M. Clovis Michaux, Procureur du Roi à Fontainebleau, ayant traité ce sujet dans une pièce de vers qui réunit la plus grave poésie à la fidélité historique, je n'ai pas dû présenter un point de comparaison qui ne pouvait que m'être défavorable.

Voici les vers de M. Clovis Michaux :

Sa vieille garde est là , couvrant la vaste cour;
    Sa garde , compagne fidèle
Qui l'entoura quinze ans de respects et d'amour.
Le conquérant déchu se place au milieu d'elle :
Il va parler. Silence ! « O mes braves soldats,
  « Dit-il, nobles débris de vingt ans de combats,
  « Il faut nous séparer. Notre gloire commune ,
  « Nos triomphes sans nombre ont lassé la Fortune.
  « C'est assez prodiguer votre sang précieux :
  « Je suis content de vous : recevez mes adieux.
  « Fidèles à l'honneur, servez cette patrie
  « Qu'ensemble nous avons illustrée et chérie.
  « Puisse luire pour elle un meilleur avenir!
  « Vous tous, soyez heureux! Gardez mon souvenir.
  « Ne plaignez pas mon sort ; consolé par la Gloire,
  « Dans l'exil, j'écrirai notre immortelle histoire;

7

« Vaincu, je redirai nos exploits triomphans.

« Adieu, mes compagnons ! mes amis ! mes enfans !

« Adieu ! Votre Empereur , à ce moment suprême ,

« Voudrait vous presser tous sur ce cœur qui vous aime.

« Approchez ce drapeau. Pour en voiler l'affront ,

« Que mon Aigle expirante ombrage encor mon front :

» Que je baise , en partant, l'étendard tricolore.

« De votre Général approchez tous encore,

« Enfans , entourez-moi pour la dernière fois. »

Des sanglots étouffés soudain brisent sa voix.

Ses braves comme lui se taisent, mais des larmes

S'échappent de leurs yeux et roulent sur leurs armes.

On veut baiser ses mains, toucher ses vêtemens :

Le grand Homme s'arrache à leurs embrassements ;

Il part; il va quitter le doux ciel de la France,

Non sans d'amers regrets, mais non sans espérance....

Ce morceau , extrait d'un poème de deux cents vers,
ayant pour titre : *Fontainebleau* , se trouve inséré dans une
excellente *Notice historique et descriptive de cette résidence
royale*, par M. *E. Jamin*, secrétaire de la Conciergerie du
château.

—

Page 80, vers 9.

(4) *Avec* Napoléon *malgré la perfidie.*

Après la déchéance de Napoléon, des congés, signés par l'empereur Alexandre, furent prodigués dans l'armée française. Cette mesure adroite, jointe à la désertion occasionnée par le découragement, désorganisait tous les corps, à la grande satisfaction des puissances coalisées. C'est alors que plusieurs drapeaux ont été brûlés dans la forêt de Fontainebleau ; ce fait a été l'objet d'indignes insinuations ; si je n'ai pas eu le talent de décrire dignement cette scène sublime, du moins j'aurai eu le courage de combattre l'erreur et de soutenir la vérité.

—

Page 82, vers 8.

(5) *De hideux cavaliers, vil rebut des mortels.*

Il n'est ici question que des cosaques indisciplinés, qui les premiers ont occupé Fontainebleau, et qui sont regardés, avec raison, comme la lie des armées Européennes. Une colonne de la jeune garde, ayant avec elle deux pièces

d'artillerie, fit fuir cette multitude de Tartares, qui se dis-
persèrent dans la forêt, s'égarèrent et se rendirent à dis-
crétion aux habitans qu'ils rencontraient, pour être conduits
à la Mairie ; car, tout sauvages qu'étaient ces cavaliers errans,
ils ne vivaient point de racines.

—

Page 85, vers 20.

(6) *Nous a dans la défaite immolés sans pitié.*

Dans la désastreuse campagne de 1813, la petite ville de
Fryberg, en Saxe, fut occupée tour à tour par les Français
et par les Alliés. Dans une de ces actions, elle demeura en
notre pouvoir, après une vigoureuse charge de cavalerie. Des
lanciers prussiens, en quittant la ville, immolèrent une vingtaine de prisonniers français, dont plus de la moitié étaient
blessés.

—

Page 87, vers 8.

(7) *Abandonna son camp sans en venir aux mains.*

César dit positivement, en parlant de Melun :

Deprehensis navibus circiter L celeriterque conjunctis atque eò militibus impositis, et rei novitate perterritis oppidanis, quorum magna pars erat ad bellum evocata, sine contentione oppido potitur.

C'est-à-dire :

« A la vue d'environ cinquante barques rassemblées à la
« hâte et chargées de soldats, les habitans, dont la plus
« grande partie avait été appelée à la guerre, furent si épou-
« vantés de cette nouvelle irruption, qu'ils laissèrent occuper
« la ville sans résistance. »

—

Page 87, vers 9.

(8) *Là s'offre à nos regards une table grossière.*

La table du Grand-Maître est située sur la route Ronde,
derrière le rocher Saint-Germain, entre la route de Paris

et celle de Melun. Son nom et l'époque de sa fondation sont gravés sur ses bords ; mais les beaux arbres qui l'ombrageaient n'y sont plus !

CHANT QUATRIÈME.

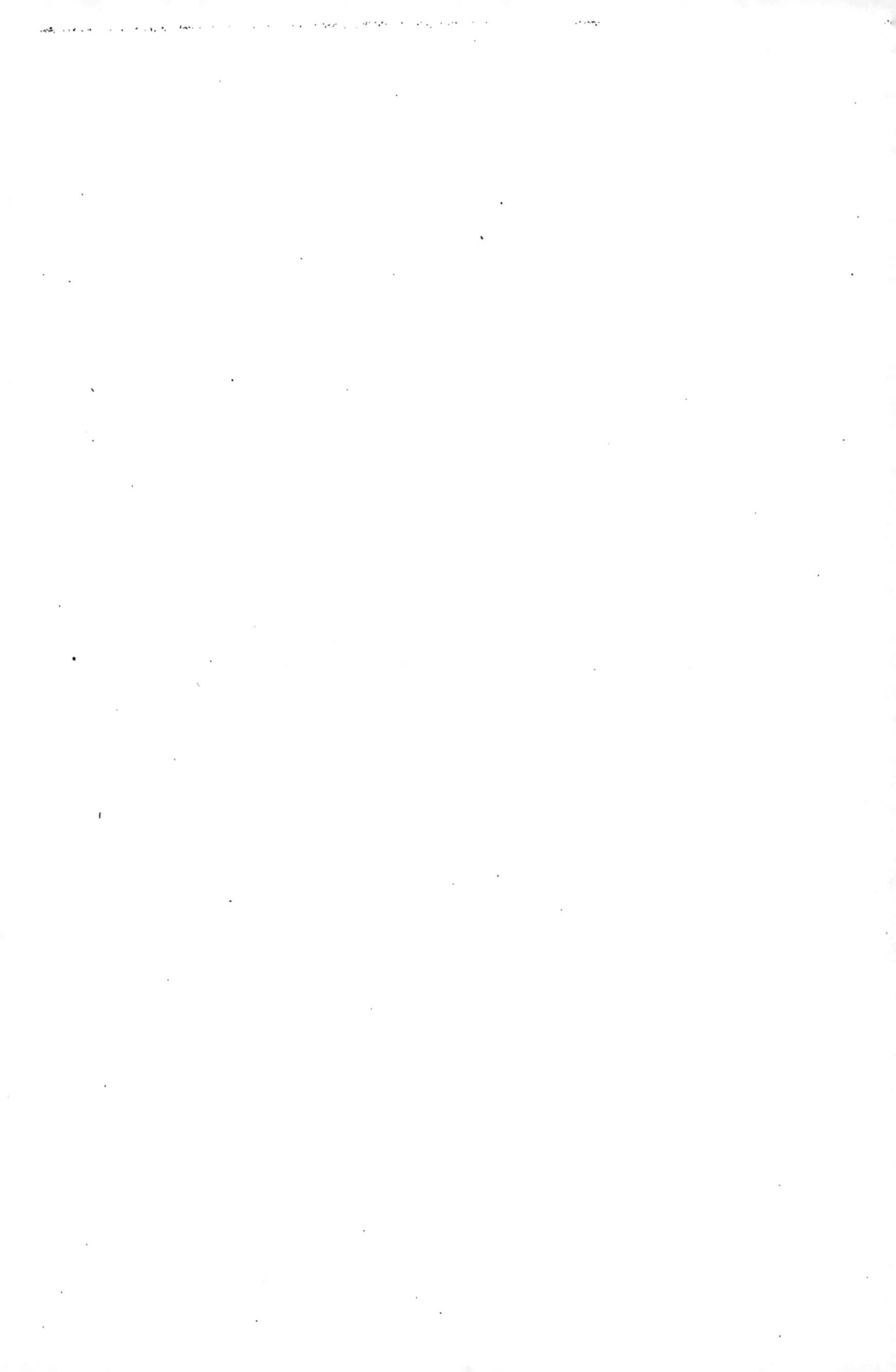

Chant Quatrième.

—

LES ROCHERS.

> . . . . N'andai mattina e sera
> Per balze e per pendici orride e strane,
> Dove non via, dove sentier non era
> Dove nè segno di vestigia umane.
> ORLANDO FURIOSO.

Toi qui fis résonner de tes sons téméraires
L'aride *Mont-Chauvet* et ses rocs solitaires,
Et qui, lorsque ton barde eut enchaîné ta voix,
Demeuras suspendue aux chênes de nos bois :

O ma harpe ! souvent à la naissante aurore
Sous l'aile du Zéphir tu soupirais encore,
Quand du lierre indiscret les mille rejetons
Sont venus t'enlacer de sauvages festons.
Quelle main, dégageant ta forme gracieuse,
Fera gémir encor ta voix harmonieuse ?
N'as-tu pas entendu sous nos rians berceaux
S'agiter le feuillage et gémir les ruisseaux ?
Et tu ne ferais plus dans la saison charmante
Soupirer le guerrier, pleurer la jeune amante !
Toi qui, mélodieuse et sensible, toujours
D'un magnifique chant saluas les beaux jours !
Ah ! sous Napoléon, quand la France guerrière
Parcourait en vainqueur la plus noble carrière ;
Du peuple triomphant partageant les transports,
Tu mêlais à ses cris d'héroïques accords ;.
Et tes sons belliqueux, consacrés à la gloire,
Captivaient un instant ces fils de la victoire.
Harpe mélancolique ! éveille, éveille-toi !
Brise un lien perfide et visite avec moi
Ces monstrueux rochers et ces sables arides,
Et ces ravins profonds, du globe affreuses rides,

Tous ces rocs caverneux, hantés par les démons,
Et que l'homme a nommés : *les Gorges d'Apres-Monts.* (1)
La harpe aime à vibrer sur les débris austères :
Viens ! et puisque ces lieux sont remplis de mystères,
Nous y provoquerons, par des chants agresseurs,
L'homme noir inconnu, redoutable aux chasseurs.

L'Automne est ma saison : ses sublimes images
Ont, depuis mon enfance, obtenu mes hommages ;
Jamais je n'entendis sous l'épaisseur des bois,
Orgue majestueux, rouler sa grande voix,
Sans qu'un frémissement, une divine flamme
Ne vinssent aussitôt s'emparer de mon ame,
Et prosterner mon front, comme au pied des autels,
Devant le Dieu puissant qui créa les mortels.
Dans le calme, l'automne a plus d'attraits encore.
Voyez cette forêt solitaire et sonore,
Lorsque la feuille pâle, à son dernier moment,
Du rameau se détache, et vient languissamment
Étaler sous nos pas, immobile et fanée,
Le douloureux tableau de notre destinée.
Ce vague aérien, mystérieux concert,

Ce besoin de rêver qu'on éprouve au désert ,
Ce murmure éloquent de la feuille jaunie ,
Il n'est point ici bas de plus douce harmonie!

Mais, en ses voluptés le cœur aime à changer.
Parmi ces *âpres monts* courons nous engager.
Quels sentimens j'éprouve en gravissant leurs cimes !
Que l'ame y goûte bien les sauvages maximes
Du mortel qui, faisant d'une grotte un saint lieu ,
Y pense, y vit en paix, y converse avec Dieu!
C'est du moins le séjour de la docte Uranie :
Les monts ont tant de fois inspiré le génie !
Mais si pour mieux rêver j'abaisse mes regards,
Quel effrayant tableau s'offre de toutes parts !
Théâtre abandonné de notre vieille histoire ,
Mystérieux débris d'un vaste promontoire ,
Si j'en crois Israël, aux jours de Chanaan
Vous serviez de rivage à l'antique Océan.
Les générations passent comme des ombres;
Le passé, l'avenir sont deux abymes sombres;
Et dans mille ans, peut-être, une dernière fois
L'onde victorieuse engloutira ces bois.

Vous n'obéissez plus au souverain des ondes,

Pittoresques rochers, sites, gorges profondes,

Un être fantastique est le roi de ces lieux. (2)

La nuit...... mais racontons ce qu'ont vu nos aïeux.

La bruyante saison régnait sur la nature ;

Un souffle rigoureux desséchait la verdure ;

Du chêne languissant le feuillage en lambeaux

Retentissait des cris d'innombrables corbeaux ;

Déjà le son du cor imposant et sauvage

Annonçait aux chasseurs le moment du ravage ;

Et les échos des bois se répétaient entre eux

Les pas précipités de cent coursiers fougueux.

D'où venait ce tumulte ? Henri, dont la mémoire

Tient un des plus hauts rangs dans l'immortelle histoire,

Notre bon Henri quatre et sa joyeuse cour

De ses *Déserts chéris* visitaient le séjour.

Cependant le courroux de vingt meutes barbares,

Et le cri des piqueurs, et le bruit des fanfares,

Vont porter en tous lieux le carnage et l'effroi.

Un cerf, de ces forêts infatigable roi,

Comme un enfant d'Eole en sa fuite rapide,

S'efforce d'échapper à la horde intrépide ;

Dans un jeune taillis, où naguère il est né,

Il voit avec douleur qu'il est environné :

Connaissant par instinct tout ce qu'il doit attendre,

'Pressé de toutes parts il songe à se défendre,

Et, cruel à son tour pour la première fois,

Il éventre en courroux plus d'un dogue aux abois,

Quand d'un adroit chasseur la balle meurtrière

Part et vole, en sifflant, porter l'heure dernière

Au héros malheureux de ces tristes combats.

L'orgueilleuse fanfare insulte à son trépas.

Aussitôt vingt seigneurs, que ce triomphe anime,

Environnent gaiement le corps de la victime ;

Puis, bravant l'Aquilon dans un large manteau,

Reprennent satisfaits le chemin du château.

Voilà que devant eux un noir cavalier passe,

Et des accents du cor fait retentir l'espace,

Puis, craignant le courroux du monarque chasseur,

Gagne d'un bois voisin la sauvage épaisseur.

Un écuyer du roi vole pour le surprendre ;

Il l'aperçoit, le joint, mais il ne peut comprendre

Que, du noir inconnu qui le brave à deux pas,

Il veuille s'approcher et ne le puisse pas.

Entre eux régnait toujours une même distance.

L'écuyer ne vit pas couronner sa constance :

Au moment où sa main croit saisir l'étranger ,

Celui-ci disparaît comme un esprit léger.

Des gorges d'Apre-Mont reconnaissant l'ombrage ,

Le chasseur épuisé revient pâle de rage.

Novembre était alors au milieu de son cours ,

Et l'astre éblouissant qui dispense les jours ,

Dans un nuage d'or enseveli sous l'onde ,

A la reine des nuits avait livré le monde ;

Avec une expansive et tendre volupté ,

Régnait en souriant cette pâle beauté.

Sa touchante lumière, en mille endroits flottante ,

Imitait la blancheur de la neige éclatante.

Cent nuages bientôt de leur mélange impur

Vinrent des vastes cieux ternir le front d'azur ;

L'Aquilon soulevait des tourbillons de poudre ,

Le ciel se colorait des lueurs de la foudre ,

Tout, jusqu'à la frayeur de l'oiseau qui s'enfuit ,

Présageait aux mortels une orageuse nuit.

Pressé par les torrens de la céleste voûte,

L'écuyer se retire et vole sur la route :

Quand, les yeux éblouis d'une vive clarté,

Son coursier écumant se cabre épouvanté,

Tremble, résiste au frein : le guerrier moins timide,

S'élance, met le pied sur la fougère humide,

Et d'un hardi coup d'œil interroge les lieux :

Soudain, avec fierté, se présente à ses yeux

Un long spectre, un géant, un monstre, un dieu peut-être,

Tant l'éclat imposant répandu sur son être

Lui donnait un aspect qui n'avait rien d'humain !

Une lance effroyable arme sa large main,

D'un lugubre cimier son casque se décore,

Et comme l'ouragan roule sa voix sonore :

« De quel droit troubles-tu mon auguste manoir,

« Mortel audacieux ? dit le fantôme noir,

« Je cherche en vain pourquoi mon glaive le tolère,

« Et ne t'immole pas à ma juste colère ?

« Quoi ! ni ces mille rocs, l'un sur l'autre entassés,

« Ni ces marais fangeux sur ces monts dispersés,

« Ni l'invincible effroi que ce séjour inspire,

« N'auront pu contre toi protéger mon empire ?

» Que l'homme est sanguinaire ! au milieu des combats

» Sa cruelle valeur prodigue le trépas ;

» Et quand il a quitté la lice des batailles ,

» Des habitans des bois déchirant les entrailles ,

» Il faut que leur sang coule au gré de ses désirs ;

» Comme s'il n'était point de plus nobles plaisirs !

» Mais Dieu garde à la France une époque plus chère.

» Un Prince, réprouvant et la chasse et la guerre ,

» Fera jaillir du sein de périlleux hasards

» L'ordre, la liberté, la paix et les beaux arts.

» Il viendra quelques fois visiter mes ombrages ,

» Non le fer à la main pour m'accabler d'outrages ,

» Mais calme, méditant son projet favori ,

» Et rêvant au bonheur de son peuple chéri.

» Philippe, que ton règne est loin de nous encore !

» Pour toi, poursuivit-il, imprudent que j'abhorre ,

» Fuis, et si tu reviens ensanglanter mes bois ,

» Crains de me rencontrer une seconde fois. »

Après ces mots empreints et d'orgueil et de haine ,

Il fait gémir l'écho de sa fuite soudaine ,

Et le pâle écuyer, frissonnant dans sa chair ,

8

Prend l'arçon, monte en selle et fuit comme un éclair.

Nous, qui laissons le cerf et la biche innocente

En paix, dans leurs vallons, broûter l'herbe naissante,

Muse, ne craignons rien du spectre *Grand-Veneur*,

Loin de le provoquer nous chantons son bonheur.

Parcourons ces rochers, ces bois, ces monts énormes,

Dont un esprit fantasque a dessiné les formes,

Site majestueux qui naguère inspira

Les agrestes pinceaux du pâtre Lantara.

Ici, que j'aimerais un tranquille ermitage !

Aucun lieu dans mes bois ne me plaît davantage,

A l'aurore surtout, quand sur l'humble gazon

Des nuages brumeux flotte l'exhalaison,

Quand l'humide vapeur, comme une blanche gaze,

De ce mont gigantesque environne la base,

Et retrace à mes yeux, par un doux talisman,

L'admirable beauté du rivage Léman.

Doux pays que le Rhône avec fracas inonde,

Beau lac qui réfléchis dans l'azur de ton onde

Des glaces du *Mont-Blanc* la magique splendeur,

Comment put-il quitter votre aspect enchanteur,

L'immortel écrivain dont l'ame véhémente
Fit parler la raison par la voix d'une amante ?
Ah ! si pareil à lui, dans ce charmant séjour ,
J'eusse reçu du ciel le génie et le jour ,
Ravi d'y posséder un foyer de lumière ,
Le temple du bonheur eût été ma chaumière ;
Jamais, jamais loin d'elle on ne m'eût vu courir ,
Et le même berceau m'eût vu naître et mourir.
Rousseau choisit du moins pour son dernier azyle
Un bois silencieux, un bocage tranquille ,
Où, libre désormais de ses maux dévorans ,
Il se crut sous l'abri des bosquets de Clarens.

Quelle variété m'offrent ces solitudes !
Mon ame aspire-t-elle à des tableaux moins rudes ?
Je dépasse, en laissant la plaine à l'Occident ,
L'ombrage qu'embellit mon arbre confident ;
Je franchis un ravin ; puis un jeune bocage
Couvre de ses rameaux la route où je m'engage ;
Bientôt, suivant le cours d'un sentier tortueux ,
J'apercois de *Franchard* les rochers monstrueux. (3)
Quoi ! toujours des rochers la Thébaïde inculte

Aux rives du Permesse usurpera mon culte !

Ne puis-je, un seul instant, délasser mes pinceaux

Sous les ombrages frais de mes riants berceaux ?

On dirait qu'en ces lieux ma Muse est enchaînée......

Poursuivons, puisqu'ainsi le veut ma destinée.

Le désert, il est vrai, réveille les douleurs,

Mais je n'ai pas été bercé parmi les fleurs.

O toi qui revêtis la nébuleuse écharpe ,

Toi qui fis résonner des accords de ta harpe

Les murs de ton palais par la mousse couverts,

Et du sombre *Morven* les sommets toujours verts ;

Guerrier, barde célèbre au ténébreux génie ,

Harmonieux enfant de la *Calédonie !*

Pour charmer les échos de sons mélodieux ,

Que n'ai-je ton génie et ta harpe et tes dieux !

Ces agrestes côteaux, ces pins, ce mont colosse ,

Sont-ils moins attrayants que tes rochers d'Ecosse ?

Et dans ces murs, ornés par un autre Numa ,

N'est-il pas un palais plus brillant que Selma ?

Ce Mont-Aigu, chéri de la naissante aurore ,

Est-il moins élevé que le roc *Inistore ?*

O Morven ! ce séjour, pour être ton égal ,

N'implore qu'un torrent et le fils de *Fingal*..

Ce bois sombre, où gémit le souffle des tempêtes ,

Tous les ans retentit du fracas de nos fêtes,

Et l'amante et l'amant jettent des yeux surpris

Sur l'humble vétusté de ces murs en débris.

Ces murs n'ont pas toujours servi de monastère,

Et leur antiquité cache quelque mystère.

Non loin de là, parmi l'entassement confus

Des plus tristes rochers que l'œil ait jamais vus ,

Près d'un marais fangeux dont la vase infertile

Aux regards des passants masque plus d'un reptile,

Est un azyle frais, mystérieux vallon ,

Où jamais n'a grondé la voix de l'Aquilon ;

Un chêne au tronc noueux de ses rameaux l'ombrage ,

Et d'énormes rochers ferment ce lieu sauvage.

Vous à qui ce désert offre quelques appas ,

Venez dans ce réduit, je vais guider vos pas.

Voyez, parmi ces rocs, cette profonde voûte

Où, depuis deux mille ans, l'eau tombe goutte-à-goutte,

Et qu'à l'heure des nuits on entend s'affliger :

Savez-vous que, trahis par un vil étranger,

Une belle, un guerrier, jeunes, remplis de charmes,
Ont baigné cette roche et de sang et de larmes ?
A mourir en ces lieux ils étaient destinés !
Muse, dis les malheurs de ces infortunés.

Lutèce était vaincue ! une ruse guerrière , (4)
Livrant à l'ennemi son humide barrière ,
L'avait mise en défaut sur trois points à la fois.
Vainement son vieux chef, intrépide Gaulois ,
Déploya d'un héros la valeur exaltée ,
Il fléchit ; et des siens la foule épouvantée ,
Des forêts et des monts encombrant les chemins ,
Fuyait le choc affreux des cavaliers Romains.
Cependant le vainqueur, après mille ravages ,
Avait de la cité quitté les doux rivages ;
Aux campagnes d'Alise, un imminent danger
Rappelait promptement le terrible étranger.
Lutèce respirait sa liberté première ;
Chacun de ses enfans, tranquille en sa chaumière ,
Maudissant les exploits d'un vainqueur odieux ,
De son départ soudain rendait grâces aux Dieux.

Deux guerriers de Lutèce, à la brillante armure,

Près des lieux où la Seine, avec un doux murmure,

Baigne de ma forêt l'ombrage ravissant,

Cheminaient sur le bord du fleuve mugissant.

Gigantesques tous deux, tous deux jeunes et braves,

L'un, naguère échappé des forêts Scandinaves,

Farouche, sanguinaire avec un froid dédain,

Et bravant le trépas comme un enfant d'Odin.

L'autre, bien que Gaulois, n'avait rien de barbare,

Humain, reconnaissant, d'une loyauté rare,

Ne devant qu'au hasard son ami dangereux,

Plus jeune, plus aimable, et non moins valeureux.

ACHARD (le Franc.)

Ami, lui dit le Franc, sais-tu que ma vaillance

S'indigne du repos qui fait rouiller ma lance ?

Je croyais arriver chez un peuple guerrier,

Qui, le fer à la main, dort sur un bouclier ;

Et le premier combat livré sous ses murailles

Voit de sa liberté les tristes funérailles !

Quelle était mon erreur ! et pourquoi n'ai-je pas

De quelques-uns des miens fait suivre ici mes pas ?

Vaillamment secondé, mon bras, sans paix ni trève,

Du sang de ces Romains eût abreuvé mon glaive,

Et, les sacrifiant à ma juste fureur,

Changé leurs chants de gloire en des cris de terreur. (5)

Leurs cadavres épars dans vos champs infertiles......

Mais, ô vaine espérance! ô regrets inutiles!

Sur les débris sanglants de son peuple égorgé

Le grand *Camulogène* est mort, et non vengé;

Et la Gaule tremblante a reconnu pour maîtres

Des tyrans que cent fois ont vaincus vos ancêtres;

Quelle honte pour vous!

HARALDE (le Gaulois.)

Achard, écoute moi.

Je ne m'offense point qu'un guerrier tel que toi

Nous accuse d'avoir négligé la victoire.

Paris, tu le sais bien, n'a pas cédé sans gloire.

Aucun de ses enfans, lâchement effrayé,

N'a déserté le poste à ses soins confié;

Tous nos jeunes Gaulois se sont battus en braves,

Et pour être vaincus ils ne sont pas esclaves.

Ils auraient triomphé, si l'injuste destin

N'eût été favorable à ce peuple Latin.

Camulogène, ainsi qu'aux jours de son jeune âge,

Fesait de l'étranger un effrayant carnage ;

Le sang autour de lui ruisselait à grands flots ,

Quand le vol d'une hache abattit ce héros.

Il tomba dans mes bras, pâle, froid, sans haleine ,

En murmurant ces mots que j'entendis à peine :

« C'en est fait ; le trépas va me fermer les yeux :

» Mais, avant que mon ame ait rejoint mes aïeux ,

» Tu ne souffriras pas, Haralde, je l'espère ,

» Que des flots d'ennemis écrasent ton vieux père.

» Dérobe à nos vainqueurs mes restes languissans.

» Près d'un temple où les Dieux reçoivent notre encens ,

» S'étend une forêt ténébreuse et profonde,

» Que ce fleuve limpide embellit de son onde ;

» Nous pouvons, de la Seine en remontant le cours,

» Vers ce bois solitaire arriver en deux jours.

» Ma voix te guidera vers un secret azyle ,

» Où je veux, désormais solitaire et tranquille ,

» Te donnant pour époux à ma chère Amanda ,

» Finir en paix les jours que le ciel m'accorda. »

Achard, vois ces deux monts que la vague orageuse (6)

Divise et rafraîchit de son onde fangeuse ;

Vois ce hardi côteau dont le front escarpé ,

D'impénétrables bois paraît enveloppé ;
Eh bien, c'est à ses pieds, sur cette humble prairie,
Que ce noble vieillard et sa fille chérie
Ont, protégés par moi, remonté ce ruisseau
Que tu vois s'écouler à l'ombre d'un berceau.
Avançons et bientôt, assis sous un vieux chêne,
Tes regards étonnés verront Camulogène.
Si toutefois les Dieux n'ont, depuis mon départ,
Dans l'éternel séjour rappelé ce vieillard.

ACHARD.

Quoi ! ce guerrier respire ! ô jour, ô sort prospère !
Lui que j'ai vu cent fois à côté de mon père,
Le jour de la victoire à nos festins admis,
Boire aux crânes sanglants des guerriers ennemis.
Qu'alors dans les combats il était redoutable !
Il se précipitait tel qu'un fleuve indomptable,
Quand rapide et gonflé par les torrents des cieux,
A travers les rochers il roule furieux.
La mort suivait ses coups ; mais après la victoire,
Son luth harmonieux savait chanter la gloire ;
Nos Scaldes les plus doux enviaient ses accords,
Et tous l'ont regretté quand il quitta nos bords.

De revoir ce héros le désir me tourmente ;

Hâtons-nous. Mais, quelle est cette beauté charmante

Qui dans cette forêt vint cacher ses appas ,

Et doit avec amour te presser dans ses bras ?

Jamais au vieux Gaulois je ne connus d'épouse !

HARALDE.

Il est vrai que long-temps sa liberté jalouse ,

Ne rêvant que défis et combats meurtriers,

Repoussa des liens dangereux aux guerriers ;

Mais l'amour a dompté ce courage farouche.

Achard, ici, permets le silence à ma bouche ;

Je dois sur ces secrets me taire, et ce héros

Te les révélera, s'il le juge à propos.

Pour la jeune Gauloise, elle est la beauté même ;

Et jamais des mortels le monarque suprême

Ne mit tant de candeur et d'ingénuité

Dans le cœur innocent d'une chaste beauté.

Son front a la fraîcheur et l'éclat de l'aurore ;

Sa bouche est un bouton que l'aube vit éclore ;

L'amour a nuancé l'azur de ses beaux yeux,

Et Vénus envierait son souris gracieux :

Son ame, si naïve, est digne de ses charmes.

Ciel ! avec quel transport j'ai vu couler ses larmes ,

Un jour qu'ayant vaincu l'ennemi terrassé ,

Je revins du combat hors d'haleine et blessé !

Amanda prit le soin de panser ma blessure ;

Aussi ma guérison fut prompte; et je t'assure

Que, me sentant presser par de si douces mains ,

Je faillis pardonner ma disgrâce aux Romains.

Avant peu tu sauras si ma bouche est fidèle ,

Et si ce doux portrait ressemble à son modèle.

Mais, songe qu'Amanda fut promise à ma foi !

ACHARD.

Va, tu peux sans danger t'en reposer sur moi ;

Les yeux de la beauté ne me touchent plus guère,

Je préfère à l'amour les périls de la guerre ;

Je n'ai que trop long-temps, oubliant mes devoirs ,

Adoré les appas d'une belle aux yeux noirs :

Il est vrai qu'Anaïde était vive et charmante :

Les bouillons, soulevés par la mer écumante,

N'ont pas de son beau sein l'éclatante blancheur,

Ni la rose des bois son aimable fraîcheur.

Vingt guerriers, à l'envi, briguèrent sa tendresse ;

Je l'obtins ; ma valeur plut à l'enchanteresse ;

Mais, bien loin de se rendre aux désirs du vainqueur,

La pudique beauté n'accorda que son cœur,

Jusqu'à ce que l'hymen permît un autre gage.

Vainement j'employais le plus tendre langage,

Vainement, chaque jour, j'offrais à ses regards

D'un ennemi vaincu la dépouille et les dards;

Elle accueillait mes dons avec un froid sourire.

Souvent, pour appaiser l'ardeur de mon martyre,

J'allais après le jour, solitaire et sans bruit,

Errer furtivement autour de son réduit.

Là, couché sur le roc ou sur l'humble bruyère,

Tant que le firmament demeurait sans lumière,

En butte à la fureur de l'ouragan fougueux,

J'épiais tous les pas de l'objet de mes vœux;

Trop heureux de saisir, à travers la nuit sombre,

Un accent de sa voix, un reflet de son ombre!

Et quand je lui parlais des amoureux plaisirs,

Toujours le mot d'hymen refoulait mes désirs.

Las enfin de livrer un combat sans victoire,

Je fis l'affreux serment d'en sortir avec glóire.

L'automne mugissait; l'Aquilon sans repos

Des lacs de nos rochers tyrannisait les flots ;

Et déjà les frimats remplaçaient la verdure :

C'était l'heure où la nuit descend sur la nature.

Seul, suivi seulement de mon dogue Branno,

Je revenais joyeux des marais de Grodno ;

Un ours m'avait conduit dans cet affreux parage,

Et sa noire fourrure honorait mon courage.

Plus que jamais en proie aux tourmens de l'amour,

Vers les champs bien aimés je hâtais mon retour,

Quand un marais fangeux, vaste et profond sans doute,

Vint, dans l'obscurité, me dérober ma route.

Je m'élance et, du lac bravant les froides eaux,

Je traverse en nageant sa forêt de roseaux,

Et, malgré les dangers, en peu de temps j'arrive

Faible, pâle, tremblant et glacé sur la rive.

Je me traîne aussitôt, en ce pénible état,

Aux lieux où m'attendait le plus tendre combat.

Anaïde au repos avait livré ses charmes :

Moi, feignant d'éprouver les plus vives alarmes,

Je profère à grands cris ces douloureux accens :

Chasseurs ! pâtres ! guerriers ! mortels compatissans !

Venez, secourez-moi, ma blessure est mortelle......

Anaïde paraît, me recueille, et près d'elle
Tout joyeux, je pénètre avec la volupté,
Et ravis les faveurs de cette âpre beauté,
Hé bien ! ce qui devait m'assurer sa tendresse,
Me priva sans retour du fruit de mon adresse :
Elle subit le joug des amoureuses lois,
Mais ce fut la première et la dernière fois.
Ma ruse lui parut un crime épouvantable ;
Son humeur chaque jour était plus indomptable.
Osais-je, dans l'accès d'un délire amoureux,
Lui rappeler, tout bas, des momens bienheureux ?
Une soudaine horreur s'emparait de son ame.
Peu fait pour endurer ces caprices de femme,
Je laissai la cruelle en proie à ses remords,
Et vins, pour l'oublier, combattre sur vos bords ;
Jurant que la beauté, n'importe en quel empire,
A ses charmes jamais ne me verrait sourire.
Haralde, par Odin ! je tiendrai mes sermens.

C'est ainsi que parlaient ces deux guerriers amans,
Ces fidèles amis, héros demi-sauvages,
Qu'un bizarre destin jeta sur nos rivages,

Se racontant les maux dont ils avaient gémi,
L'un cherchant son amante, et l'autre un vieil ami.
Déjà, malgré l'obstacle et les dangers sans nombre
Que présentait ce bois marécageux et sombre,
En côtoyant les bords d'un limpide ruisseau,
Ils avaient dépassé la hauteur du Monceau.
Ils arrivent bientôt à la source isolée
Dont l'onde solitaire arrose la vallée.

En ces temps-là, privés de tout royal appui,
Ces lieux n'étaient pas tels qu'on les voit aujourd'hui.
La végétation, riche de mille entraves,
Dans ses réseaux touffus arrêtait les plus braves;
Là, nul sentier pour l'homme, et le hideux serpent
Y bruissait caché sous l'arbuste rampant.
Mille oiseaux y formaient un discordant ramage :
Du monde à son berceau c'était la rude image !

Haralde, reprenant la parole en ces mots :
« Cet endroit nous vit prendre un instant de repos,
» Puis, quand le vent du soir eut de sa douce haleine
» Embaumé de parfums ce sauvage domaine,

» Nous gravîmes les rocs de ce vaste côteau ;

» Mais, la nuit sur les bois jetant son noir manteau,

» Mes yeux n'ont pu saisir une route précise

» Qui puisse une autre fois me guider sans méprise.

» A travers ces rochers je ne reconnais pas

» Le tortueux sentier qui conduisit nos pas.

» Mais, puisque désormais notre cause est commune,

» Par un double chemin éprouvons la fortune ;

» Marchons séparément vers ce but incertain,

» Et le premier de nous que son heureux destin

» Guidera sur les pas de la jeune orpheline,

» Poussant un cri joyeux du haut de la colline,

» De loin, à son ami signalera le port.

» Séparons nous. — Achard ajoute avec transport :

» Oui, d'un guerrier parfait tu m'offres le modèle,

» Dès ce jour je te voue une amitié fidèle ;

» Mais en se séparant notre usage guerrier

» Veut que deux vrais amis changent de bouclier :

» Qui te fait hésiter ? et d'où nait ce murmure ?

» Bientôt chacun de nous reprendra son armure........·

» Donne, voici la mienne ; Odin m'en fit présent,

» Et son chiffre est gravé sur cet acier luisant :

9

» Jamais tu ne portas de glaive moins fragile.

A ces mots, nos guerriers volent d'un pas agile ;
L'un à droite s'enfonce en des bois ténébreux,
L'autre parmi des rocs et des ravins nombreux ;
Et tous deux séparés par un mont dont la cime (7)
Paraît s'environner d'un effrayant abyme.
A cet âge, avec joie on brave le danger......
Le sort favorisa le fils de l'étranger.
Ce guerrier vigoureux, appuyé sur sa lance,
A travers les rochers comme un aigle s'élance,
Il gravit, il s'attache aux buissons les plus forts,
Et parvient au sommet après de longs efforts.
Mais que devint Achard à ce spectacle horrible ?
Car ce séjour affreux, désordonné, terrible,
Offrait comme aujourd'hui, mystérieux chaos,
L'aspect d'un mont-cadavre au milieu de ses os ! (8)
Long-temps il admira cette scène imprévue :
Mais ce qui l'enchanta, ce qui charma sa vue,
Une femme, un esprit, un ange de beauté,
Joignant à la candeur un air de volupté,
Assise au pied d'un roc qui regardait l'aurore,

Tirait des sons plaintifs d'une harpe sonore,

Et les embellissait du charme de sa voix.

Achard, avec respect, s'approche, et cette fois

Il dépose du Franc le langage farouche,

Et les mots les plus doux se pressent dans sa bouche.

Il interroge ainsi cet ange au doux concert :

« Vous, par qui s'embellit ce sauvage désert,

» Et qui m'apparaissez sur sa plage inconnue

» Comme un rayon du ciel éclatant sur la nue,

» Astre de ces rochers où le sort me guida,

» Vierge, beauté céleste, êtes-vous Amanda ?

» — Oui, répond l'étrangère, en cachant quelques larmes,

» Tel est mon nom ! mais toi, dont je connais les armes,

» Es-tu le messager des divins bienfaiteurs,

» Ou le cruel agent de nos persécuteurs ?

» Es-tu Gaulois ? Ce jour est-il un jour prospère ?

» — Je suis, répond Achard, l'ami de votre père,

» Le compagnon d'Haralde, et bientôt son vengeur. »

Le front de la beauté se couvre de rougeur.....

Ils observent tous deux le plus profond silence,

Quand d'un pas chancelant et courbé sur sa lance,

Paraît le vieux Gaulois. Son sévère coup d'œil
Du Franc qui l'observait blessa le vain orgueil ;
Mais il sut composer sa voix et son visage :
« — O vous , que je croyais au palais des nuages !
» Invincible guerrier, dont les vaillantes mains
» Auraient pu sous Lutèce écraser les Romains ,
» Sans l'échec imprévu de ce jour que j'abhorre !
» De plus affreux dangers vous menacent encore :
» Votre azile est connu de farouches soldats ;
» Pour votre liberté ne redoutez-vous pas ?
» Ha ! quittez à l'instant ce refuge infidèle ,
» Fiez-vous à ma foi, mon courage et mon zèle
» Eloigneront de vous des tyrans odieux ;
» Ils ont même déjà pénétré dans ces lieux ,
» Et mon bras a plongé ces guerriers dans la tombe.
» Mais un héros peut-être en ce moment succombe.....
» Haralde, cet enfant cher à tous les Gaulois,
» Qui défendit ses Dieux, ses foyers et vos lois ,
» Ce véritable ami, que j'aime comme un frère ,
» Percé de coups , tomba sous la lance étrangère.
» Mais grâce à la vertu des simples de ces bois,
» Je contins sa blessure et lui rendis la voix :

» — C'en est fait, me dit-il, et le trépas m'enchaîne,

» Achard, vole au plutôt trouver Camulogène,

» Dis-lui que je succombe, et, qu'avant mon départ,

» A mes tristes adieux il vienne prendre part.

» Si, l'inflexible mort ayant clos ma paupière,

» Vous me retrouvez froid et couché sur la pierre,

» Je te cède mes droits sur ma chère Amanda. »

Le plus affreux silence à ces mots succéda.

Seulement la beauté, qu'un noir chagrin dévore,

Pâlit; ainsi qu'on voit la plus brillante aurore,

Quand l'immonde vapeur d'un brouillard odieux

Vient affaiblir l'éclat de ses traits radieux.

Aisément le vieillard discerna le mensonge,

Et sur lui ce discours glissa comme un vain songe :

Il dit au Franc : « Jamais je n'ai fui l'ennemi ;

» Contre tous les dangers mon cœur est affermi.

» Je reste en ces rochers. Toi, guerrier Scandinave,

» Je connais tes aïeux, ton père fut un brave,

» Et sans doute tu suis l'exemple paternel..... »

Terrassé par ces mots, le guerrier criminel

Allait se prosterner et s'accuser lui-même,

Si l'aspect enchanteur de la beauté qu'il aime,
En égarant son cœur, ne l'eût ainsi porté
A violer les droits de l'hospitalité.

C'était l'heure paisible où les Zéphirs plus calmes
De ma belle forêt n'agitent plus les palmes ;
Le ciel était serein, et l'astre aux ailes d'or
Parmi des flots d'azur resplendissait encor ;
Soudain il se dérobe, et l'horizon plus sombre
Pâlit, se décolore et disparaît dans l'ombre ;
Et la noire Immortelle envahit l'univers.
Seul, et préoccupé de son dessein pervers,
Achard, que de sa couche un soin barbare exile,
De la vierge Gauloise environne l'azile ;
Attentif et prêtant l'oreille au moindre bruit,
Il plonge ses regards dans le sein de la nuit ;
Il entend un guerrier qui, frappant sur ses armes,
Faisait gémir les bois de ses vives alarmes ;
Il vole, et reconnaît Haralde à ce discours :
« Achard, est-ce bien toi qui viens à mon secours ?
» Un hideux sanglier m'a surpris sous l'ombrage,
» Et tandis que le monstre éprouvait mon courage,

» Un autre avec fureur sur moi s'est élancé,

» Et dans des flots de sang m'a soudain renversé.

» Long-temps après, la nuit me ranima sans doute,

» Je me lève et, fuyant des lieux que je redoute,

» Jusque dans ces rochers j'arrive par hasard.

» Mais toi, connais-tu bien l'azile du vieillard?

» Amanda?... — Oui, parmi ces roches menaçantes,

» J'ai découvert cet ange aux formes ravissantes ;

» Je l'aime autant que toi ; tu possèdes son cœur ;

» Mais sa main ne sera que le prix du vainqueur.

» Défends-toi, car ici tu n'as pas à combattre

» Le monstre des forêts que ton bras vient d'abattre :

» Mais plutôt, puisqu'ainsi l'ont décidé les Dieux,

» Meurs ! et délivre-moi d'un rival odieux ! »

Il accable, à ces mots, Haralde qui succombe,

Puis va sous un rocher lui creuser une tombe.

Car, pour se conformer à ses sauvages lois,

Il devait inhumer l'infortuné Gaulois.

L'aurore, indifférente aux vertus comme aux crimes,

Des monts de ma forêt vient colorer les cimes.

Achard vole au devant de la jeune beauté.

Amanda l'interroge avec sévérité :

D'un sang qui fume encor pourquoi l'affreuse tache
Aujourd'hui rougit-elle et ton glaive et ta hache ?
Depuis hier un meurtre a-t-il souillé ta main ?

ACHARD.

Ce glaive s'est trempé dans le sang d'un Romain
Qui se glissait dans l'ombre autour de ta demeure,
Que mon œil a surpris, que j'ai puni sur l'heure,
Et qui sert maintenant de pâture aux corbeaux.

AMANDA.

Si tu l'as justement plongé dans les tombeaux,
Pourquoi, sombre guerrier, vois-je sur ton visage
Un météore affreux de funeste présage ?
Le trouble de tes sens ressemble à des remords !

ACHARD.

Amanda, c'est assez nous occuper des morts :
Tes odieux soupçons blessent mon ame altière.
J'ai le droit d'exiger ta confiance entière ;
Ton père doit bientôt subir la grande loi,
Et tu n'auras alors d'autre soutien que moi ;
En vain tu compterais sur un ami d'enfance !

Haralde est impuissant à prendre ta défense ;
Il goûte les bienfaits de l'éternel repos....
Cette nuit j'ai moi-même inhumé ce héros.
Veux-tu qu'à tes regards je découvre ses restes ?

AMANDA.

Non, non, je crois assez à tes discours funestes !
Haralde est dans la tombe, et voici mon dessein :
Tu pourras me plonger un poignard dans le sein ;
Jamais ta volonté ne fléchira mon ame......
Si tu veux qu'Amanda puisse approuver ta flamme,
Respecte ma personne et cache ton amour
Tant que mon noble père ici verra le jour.
Mais quand par la douleur son ame poursuivie
Pour voler vers le ciel aura quitté la vie ;
Que mes yeux auront vu son corps inanimé,
Près du jeune Gaulois que nous avons aimé ;
Que mes pleurs un instant auront baigné leurs cendres ;
Je ne m'oppose plus à tes vœux les plus tendres.

ACHARD.

Alors, je ne suis plus que votre défenseur,
Et je vous aimerai comme on aime une sœur.

Mais la mort vint bientôt frapper au toît rustique ;
Le vieillard expira ; pareil au chêne antique
Qui porte vers le ciel ses rameaux encor verts ,
Et que vient renverser le souffle des hivers.
Par les soins d'Amanda, sous la roche escarpée ,
Près d'Haralde et paré de sa vaillante épée ,
Repose ce héros , séparé des humains
Par ces mots : *Ici gît l'ennemi des Romains.*

Trois fois le dieu du jour dissipa les ténèbres
Sans que l'ange des bois quittât ces lieux funèbres ;
Immobile, on l'eût prise , au fond de ce ravin,
Pour un froid monument, pour un marbre divin.

Le Franc, que dévorait un sentiment profane ,
Vient enfin réclamer la beauté qui se fane ;
Mais, déjà parvenu dans les palais mouvans ,
L'aimable et doux fantôme erre parmi les vents ;
Son ombre est dans les bras d'un amant et d'un père.
Achard, à cet aspect, long-temps se désespère ,
Il remplit les rochers de ses gémissemens ;
Puis, ayant réuni ces malheureux amans ,

Et baignant jour et nuit leur tombeau de ses larmes ,

Cette affreuse demeure eut pour lui quelques charmes.

Il espérait tranquille y cacher ses vieux ans ;

Dieu ne le permit pas : deux guerriers imposans

Vinrent avec respect visiter la chaumière :

« Ils sont là , dit le Franc, en leur montrant la pierre ,

» Et vous ne les verrez qu'en m'arrachant le jour ! »

Soudain il veut s'armer, mais dans le noir séjour

Le fer des étrangers plonge enfin le barbare ,

Et du corps d'Amanda leur piété s'empare. (9)

Long-temps l'écho des bois gémit de ces malheurs ,

Et la roche funèbre en verse encor des pleurs !

C'est depuis cet instant, dit à son auditoire

La chronique où ma muse a puisé cette histoire ,

Que du vieux nom de Franc, joint à celui d'Achard ,

Ce sauvage réduit fut appelé *Franchard.*

NOTES

Page 107, vers 2.

(1) Et que l'homme a nommés : les Gorges d'Apres-Monts.

Les sommets de ces Gorges ne seront jamais visités que par des piétons jeunes et vigoureux ; ces lieux sauvages diffèrent des autres rochers de la forêt, en ce qu'il n'y a sur les hauteurs aucune route pratiquée qui en facilite l'exploration. Ensuite, point de verdure en automne ; le genevrier même, ce saule des rochers, y est extrêmement rare. Les pentes et les hauteurs y sont hérissés de blocs, séparés les uns des autres, et qu'il faut escalader de pied ferme, au risque de rouler dans les intervalles qui sont remplis d'une herbe haute, fangeuse et cachant des marais infects.

Une autre particularité assez remarquable, c'est que toutes les cimes des rochers sont cannelées horizontalement comme si, étant d'argile, elles eussent été entaillées par des boulets dans la direction de l'Est au Couchant. Je ne crois pas qu'il existe en aucun lieu de la forêt un plus grand nombre de rocs plus bizarrement groupés; il y en a deux, surtout, qui sont séparés par une gorge de vingt pieds de profondeur du milieu de laquelle s'élève, fort à-propos, un bouleau, dont les branches vigoureuses servent à franchir l'intervalle qui n'est cependant que de quatre pieds; sur un de ces rochers, on trouve ces mots écrits avec un pinceau :

Pont du Diable.

—

Page 109, vers 3.

(2) *Un être fantastique est le roi de ces lieux.*

Il est ici question du fameux Spectre qui dans l'automne de 1599, apparut à Henri IV et aux seigneurs de sa suite. Ce fut le comte de Soissons que le Roi envoya contre cet inconnu mystérieux, mais il ne put jamais le joindre.

Cent ans après, jour pour jour, dit-on, Louis XIV étant à la chasse dans notre forêt, eut également une vision qui l'avertit d'un fait qui était particulier à ce monarque, et, bien qu'il tint cette vision fort secrète, néanmoins les mêmes faits lui furent répétés plus tard par un parent du fameux *Nostradamus.*

M. de Voltaire, dans ses mélanges de littérature ne dédaigne point de parler de ces particularités, mais avec le ton dérisoire qui lui était familier quand il parlait des choses surnaturelles.

Le nom de cet illustre écrivain me rappelle une anecdote relative à notre forêt, et qui je crois n'est pas très-connue.

En 1725, Louis XV étant à Fontainebleau, on lui présenta quatre sauvages enlevés aux forêts du Mississipi; M. de Voltaire, qui était alors fort bien en cour, interrogea long-temps ces enfans de la nature; l'histoire rapporte que lorsqu'on entra dans les vieilles futaies, l'aspect de ces bois leur rappellant leur lieu natal, ils demandèrent à marcher, mais qu'ayant plusieurs fois tenté de s'échapper, on fut obligé de les remettre en voiture.

Page 115, vers 20.

(5) *J'aperçois de* Franchard *les rochers monstrueux.*

Franchard est une maison de garde qui fut autrefois un monastère : dès le douzième siècle, un abbé de Sainte-Geneviève, et évêque de Tournay, écrivait au frère Guillaume qui habitait alors cette solitude :

Solitudinis horror ferarum non hominum inculta domicilia, terra arida, nec herbarum ferax, nec humoris abundans, adeò ut aqua ipsa quæ de foris cellam tuam guttatìm profluit, nec soporem aptum gustui, nec visui jucundum colorem.

A cette époque deux ermites y avaient déjà été égorgés successivement, comme le prouve cet autre passage de la même lettre :

Latronum timor, qui duos decessores tuos interfecerunt.

Ainsi l'ermitage existait, selon toute apparence, avant le château de Fontainebleau ; et l'on doit, ce me semble, considérer comme une preuve de son antiquité la manière invariable dont son nom fut toujours écrit. Dans une charte de Philippe-Auguste, on lit :

Fratribus canonicis ecclesiæ de Franchart.

Ce simple ermitage devint une véritable communauté qui fut abandonnée, lors d'une invasion que les Anglais firent dans le pays, et la maison détruite en 1712, par ordre de Louis XIV, dans la crainte que ce lieu ne devint une retraite de voleurs.

Quelque temps après, on trouva dans les caves plusieurs coffres pleins de linges et d'habits qui tombèrent en poudre dès qu'ils eurent pris l'air.

Aujourd'hui ce n'est plus qu'un site champêtre, où se réunissent la ville et les environs le mardi de la Pentecôte, pour y chanter, danser et boire, sur la pelouse, à l'ombre des chênes, et payer un tribut d'admiration à la *Roche qui Pleure*.

Page 118, vers 5.

(4) *Lutèce était vaincue! une ruse guerrière.*

Cet épisode se rattachant à la prise de Paris par un des lieutenans de César, il est à propos, je pense, afin de donner quelqu'autorité à mon récit, de mettre sous les yeux du lecteur la source où j'ai puisé.

L'armée Romaine, après avoir franchi la Seine à l'improviste, se présente devant Paris :

10

*Primá luce, et nostri omnes erant transportati ; et hostium acies cernabatur...... Dat signum prœlii...... Ipse dux hostium Camulogenus suis aderat, atque eos cohortatur.....
.... Non eo quidem tempore quisquam loco cessit, sed circumventi omnes interfectique sunt : eadem fortunam tulit Camulogenus.*

De Bello gallico. — Liber 7.

César fait tuer Camulogène dans cette bataille ; César peut s'être trompé ; j'ai lu dans une vieille histoire de Paris que le chef Gaulois ne fut que blessé, et qu'il fut transporté dans une forêt voisine ; j'ai suivi cette version.

César dit encore :

Sic, cum suis fugientibus permixti, quos non silvœ montesque texerunt, ab equitatu sunt interfecti. Hoc negotio confecto, Labienus revertitur Agendicum.

Je ne donne pas l'explication de ces phrases, parce que mes vers en sont la traduction fidèle.

———

Page 120, vers 3.

(5) *Changé leurs chants de gloire en des cris de terreur.*

César, et tous les historiens, s'accordent à représenter les

Francs comme des guerriers féroces, toujours prêts à répandre le sang, et plaçant la vengeance au rang de leurs premiers devoirs.

Achard est Scandinave, et cependant il porte ici le nom de Franc ; cette légère contradiction existe dans la légende que j'ai suivie.

—

Page 121 , vers 20.

(6) *Achard, vois ces deux monts que la vague orageuse.*

Il y a dans les vers qui suivent intention bien marquée de décrire le point de la Seine le plus voisin de Fontainebleau, c'est-à-dire : Valvins. J'avoue qu'ici je suppose ; car, où l'histoire est en défaut, peuvent se placer des conjectures ; et d'ailleurs, le poète est dispensé d'une scrupuleuse exactitude dans les épisodes d'amour, pourvu que le fond soit vrai.

Page 130, vers 6.

(7) *Et tous deux séparés par un mont dont la cime.*

Le *Mont-Aigu* est effectivement isolé de la chaîne de rochers qui l'environne ; mais il n'avait point alors cette multitude de pins qui l'enlacent d'un lien de verdure, et lui donnent l'aspect le plus pittoresque.

—

Page 150, vers 16.

(8) *L'aspect d'un mont-cadavre au milieu de ses os.*

Parmi la multitude de personnes qui vont à Franchard, le jour de la fête, il en est peu qui connaissent les *Gorges* qui forment le caractère distinctif de cette partie de la Forêt : on borne ordinairement son pélerinage à la *Roche qui Pleure*, visite qui est rigoureusement obligatoire. Ces *Gorges* cependant ne sont qu'à deux pas. Mais je conçois facilement l'indifférence d'une partie des pélerines. Le moyen de s'engager avec des souliers de satin, dans des landes hérissées de bruyères ! et puis, tout le monde n'est pas appréciateur des rochers comme l'ermite *Guillaume*.

Le point le plus avantageux pour la perspective est

l'extrémité occidentale de la chaîne du Sud, à l'endroit où se trouve un rocher dont la surface semble couverte d'écailles, et qui est si bizarrement taillé qu'il est appelé vulgairement le Dragon.

Les Anglais sont moins indifférens que nous à ces sortes de beautés, car plusieurs roches sont charbonnées de leurs vers.

Ceux qui ne voudraient pas risquer l'excursion romantique que je viens d'indiquer, peuvent au moins faire un petit voyage pittoresque dans la vallée du *Chêne-Brûlé;* ils y verront certainement des choses dont on se souvient long-temps. La partie de ces monts qui regarde le Couchant, a du subir une secousse assez violente, puisque toutes les roches en sont brisées par suite du porte-à-faux dans lequel elles se trouvent placées.

Page 159, vers 10.

(9) *Et du corps d'Amanda leur piété s'empare.*

La connaissance de l'état politique des Gaulois avant César étant très-imparfaite, il en résulte qu'il règne beaucoup d'obscurité dans cet épisode ; et bien des personnes penseront qu'il n'est qu'une fiction fondée seulement sur la ressemblance des noms ou des monumens celtiques. Je déclare ici aux incrédules, qu'ils trouveront à Paris, au cabinet d'antiquités de la bibliothèque royale, l'urne cinéraire qui renferme les restes de la jeune Gauloise ; cette urne est en marbre, et la face principale est ornée d'un feston de fleurs qui se rattache à des têtes de béliers ; on y remarque une inscription latine qui signifie que : *Pitusa fit exécuter ce monument pour sa fille Amanda, morte à l'âge de dix-sept ans, l'an de Rome 696.*

FIN DU DERNIER CHANT.

POÉSIES DIVERSES.

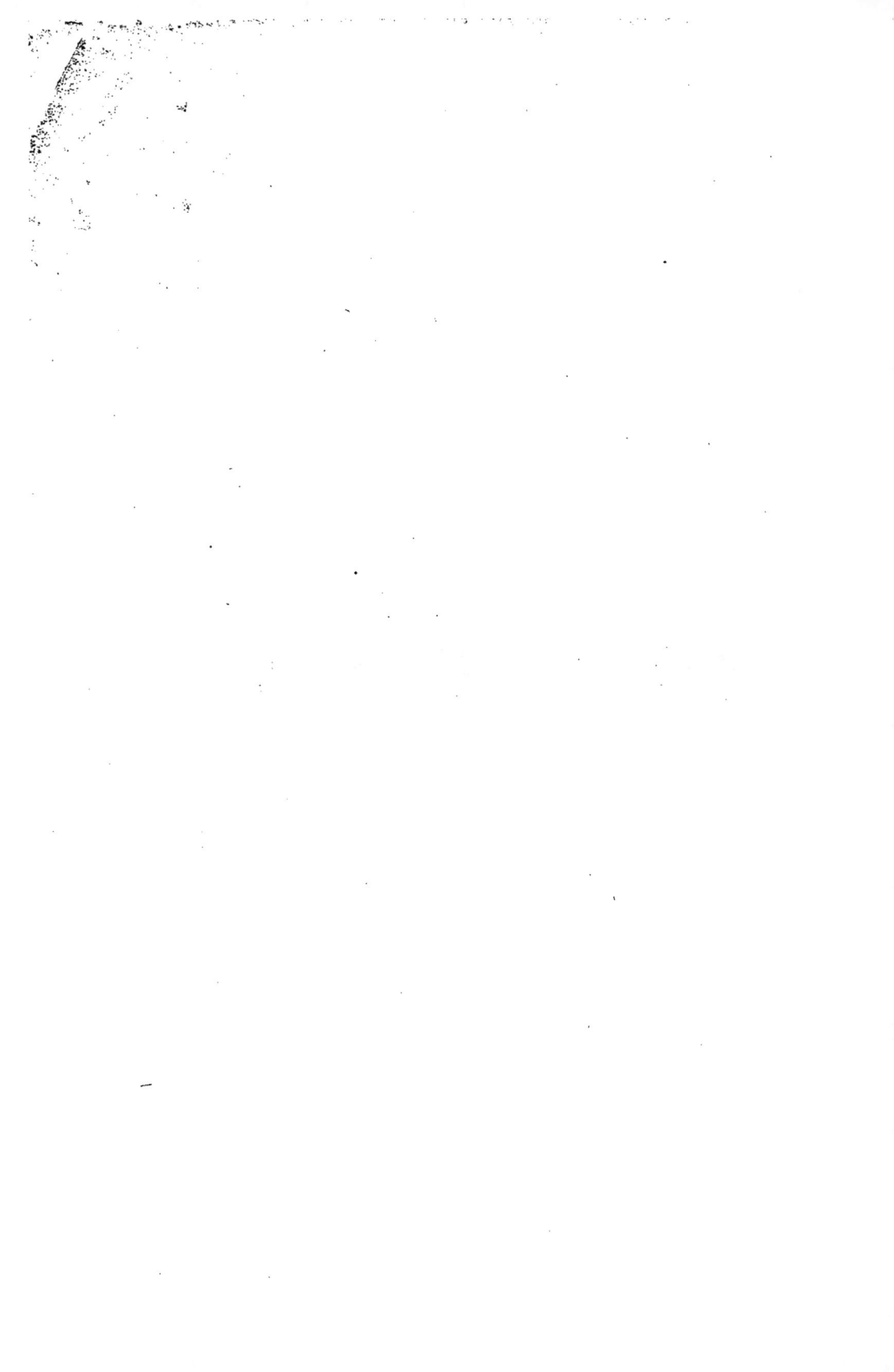

Poésies Diverses.

I.

EPITRE A M. DURAND,

Par M. DE PONGERVILLE, de l'Académie Française.

L'oiseau que la volière enferme à peine éclos,

Gai, léger, se croit libre en son étroit enclos.

Mais sitôt qu'aux beaux jours se réveille le monde,

Qu'une sève d'amour et de plaisir l'inonde,

Dans les bois refleuris quand mille autres oiseaux

Sous l'ombrage, en chantant, suspendent leurs berceaux,

Un air voluptueux que le captif respire

Lui révèle sa chaîne ; à la rompre il aspire :

Il convoite les champs, inquiet, agité ;
Pour la première fois aimant la liberté,
Il frappe ses barreaux et du bec et de l'aile.

A ton penchant natif ainsi l'art te rappelle.
L'artisan tient en vain le poète caché.
Par un pouvoir secret de toi-même arraché,
Le talent prend l'essor, comme un fertile germe
S'échappe en déchirant l'écorce qui l'enferme.
Tu modules des vers aux cris sourds des rabots ;
En cothurnes un dieu transforme tes sabots.
Quand le poids du travail tient ta tête abaissée,
Par un sublime essor s'élève ta pensée :
La baguette d'Armide est sous ton tablier,
Et pour toi change en temple un obscur atelier.
Aux plus heureux mortels ton art doit faire envie :
Qui l'ignore vit moins qu'il n'assiste à la vie.
Le poète peut tout : d'un vol audacieux
Il fuit ce monde étroit, s'élance dans les cieux,
Et des banquets divins réalise les fables.
Charmante illusion, délices ineffables !
O combien je vous dois de momens enchanteurs !

Mais les rêves sont courts quand ils sont trop flatteurs.

Avec son aigre voix la vérité cruelle

Vers un monde oublié brusquement nous rappelle.

Il est triste ce monde, et surtout dans nos temps :

Là, pour le vrai poète il n'est plus de printemps ;

L'orage toujours gronde, et, né pour les ténèbres,

Le hibou, seul joyeux, chante les jours funèbres.

C'est lui seul qu'on écoute : un public froid et vain

Désapprend à sentir le langage divin.

Et tu veux le charmer aux doux sons de ta lyre?

Va, jouis en secret de ton heureux délire.

Quoi ! lorsque les partis, tels que des flots grondans,

Se brisent l'un par l'autre, et toujours plus ardens,

Après les chocs affreux de leur rage indomptée,

Ne jettent sur nos bords qu'une écume infectée,

Tu mêlerais ta voix aux cris de la fureur?

O poète des champs, quelle est donc ton erreur !

Crois-tu par tes concerts voir la haine étouffée?

Dans nos jours malheureux que pourrait un Orphée?

Ce peuple est las de tout : léger, capricieux,

Il dévore la vie, il est déjà trop vieux.

Du haut de sa splendeur, géant infirme, il tombe ;
Meurtrier des beaux arts, il les suit dans la tombe ;
Les arts ne sont pour lui que des fruits étrangers ,
Objet de luxe offerts à ses goûts passagers.
La faveur n'a qu'un jour pour ce maître frivole ,
Ce qu'il admira trop avec joie il l'immole.
Sur son char triomphal quand Voltaire entraîné ;
De flots d'adorateurs brillait environné ,
Et radieux, voyait la France réunie
Saluer en ses mains le sceptre du génie,
On lui dit : « Tout un peuple est donc ici pour toi !
« Régner par les talens c'est être plus que roi...
» — Oui, répond-il, le ciel brille après la tempête ;
» Mais si le fanatisme, achevant sa conquête,
» M'imposait de Calas les supplices affreux ,
» Il serait là ce peuple ; il serait plus nombreux ! »

D'émotions avide, en tout l'homme est extrême ;
Quand il ne peut haïr, avec fureur il aime ;
Impétueux et faible, idolâtre inconstant ,
Est-il jamais pour lui de prodige éclatant
Qui bientôt ne s'efface ? Ah ! comme avant les âges ,

Qu'aujourd'hui la nature enfante ses ouvrages
Et d'orbes flamboyans, de mondes radieux,
Pour la première fois sème les champs des cieux;
L'homme, accablé d'extase à ce pompeux miracle,
En dévore des yeux l'incroyable spectacle;
En repaît tous ses sens. Bientôt tant de splendeur
Glace en se prodiguant sa curieuse ardeur.
De milliards de soleils l'interminable masse,
Se prolongeant sans fin dans l'éternel espace,
N'offre à ses froids regards, dans les plaines d'azur,
Que l'ornement du toît de notre monde obscur.
Mais il faut vaincre plus que cette indifférence.
Quand tu pourrais charmer l'opulente ignorance,
Charmer l'oisif, le sot de lui seul entiché,
Distraire l'intrigant sur sa roue attaché,
Sais-tu quel vil troupeau, né dans un jour d'orage,
S'empare insolemment des beaux arts qu'il outrage?
Sifflé par le bon sens, par l'intrigue applaudi,
Ce troupeau famélique, au scandale enhardi,
Dans nos troubles grossit sa hideuse phalange,
Comme les vermisseaux pullulent dans la fange.
Innombrable, il transforme avec avidité

L'empire des beaux arts en désert infecté.

Plein d'un sacré courroux, Hercule redoutable,

Veux-tu des Augias purifier l'étable?

Déserteur courageux des bois qui t'ont charmé,

Dans un monde inconnu, pour le combat armé,

Viens-tu, fuyant l'étude et ses paisibles fêtes,

De la célébrité défier les tempêtes,

Échanger le doux luth que tu reçus du ciel

Pour un mordant crayon qu'il faut tremper de fiel?

Reste sous le feuillage, il n'est jamais trop sombre :

L'accent du rossignol est plus touchant dans l'ombre.

Au titre d'artisan ta raison a souscrit :

Le travail de ton bras délasse ton esprit.

Artisan et lettré, cet heureux privilège

Contre l'oisif ennui doublement te protège.

Plus d'un grand envia le sort de l'ouvrier;

Un roi bien malheureux fut heureux serrurier;

Jean-Jacque à son Emile imposa la varlope.

Qu'importe de quel rôle un sage s'enveloppe?

Le sage est toujours noble, il est heureux du moins.

Dans les brillans succès l'orgueil veut des témoins;

Mais, crois-moi, le bonheur naît dans la solitude.

Garde donc, pour jouir, le labeur et l'étude.
Interroge souvent ces hôtes des forêts,
Ces vieux chênes, des grands complices trop discrets ;
Ils ont prêté leur ombre à l'impure licence,
Aux pièges où le vice attira l'innocence ;
Ils ont vu des forfaits, des combats, de grands maux ;
Que de rois ont passé sous leurs épais rameaux !
Et naguère ils ont vu, détrôné, solitaire,
Celui dont les remords vengeaient déjà la terre...
Célèbre ces grands noms évoqués par ta voix,
Ces noms vivans encor et qui peuplent ces bois.
Tes vers, par les échos redits sous la feuillée,
Du voyageur surpris charmeront la veillée.
Quelque jour dans le monde ils pourront retentir ;
Ce que l'esprit créa ne peut s'anéantir.
Rien n'efface le sceau que le talent imprime ;
C'est la flamme immortelle, un souffle la ranime.

II.

RÉPONSE A M. DE PONGERVILLE,

Par M. Durand.

O bonheur imprévu dont je me glorifie !
Quoi ! vous, qui possédez mille talens divers,
Du séjour éloquent de la philosophie
    Vous daignez répondre à mes vers !

Et, par des chants flatteurs énervant mon courage,
Vous me faites chérir les douceurs du repos ;
Comme un père, à son fils qui veut braver l'orage,
Prodigue ses conseils en lui montrant les flots.

Mais quand votre Apollon, exaltant mon génie,
Me dit : cache ta lyre ou retiens en les sons !
De vos brillans accords la divine harmonie
Paralyse l'effet de vos sages leçons.

De la société vous habitez les cimes;

Et, pouvant des mortels épier tous les pas,

Vous connaissez le monde, et vos nobles maximes

Signalent des dangers que je ne comprends pas.

Je verrai si je puis me résoudre à me taire.......

Mais, si le feu sacré me consume toujours,

Je ne veux désormais, poète solitaire,

Célébrer que les champs, la paix et les beaux jours.

Au lever de l'aurore, assis sur l'herbe tendre,

A la douce fraîcheur de l'ombre de nos bois,

Il n'est rien de plus doux que de voir et d'entendre

Les oiseaux folâtrer en mariant leurs voix.

C'est devant ces tableaux qu'en secret je viens lire;

Si j'en suis détourné par des objets touchants,

Alors un feu divin, un inconnu délire

Vient subjuguer mon cœur et m'arracher des chants.

J'écris alors; je peins tout ce qu'on déifie :

Le talent, les beaux arts, et l'amour, et l'honneur,

11

Et les charmes divins de la philosophie,
Seule divinité qui donne le bonheur.

Je peins l'homme tranquille en son humble domaine,
Qui n'a point dans les camps coulé ses plus beaux jours;
Et dont jamais le cœur ne connut d'autre chaîne
Que le tendre lien de ses jeunes amours.

Heureux qui, protégé par l'auguste sagesse,
D'un œil indifférent contemple les grandeurs!
Que l'or n'éblouit point, et qui dans sa jeunesse
A du savoir humain sondé les profondeurs!

Ma Muse en écrivant ne cherche point la gloire.
Dans leur célébrité tant d'hommes ont gémi!
Et quand arrivera la fin de mon histoire,
Trop heureux d'emporter les regrets d'un ami!

Tels sont mes sentimens; ils sont un peu sauvages:
On ne m'a pas appris à les déguiser : mais
Gardez mon souvenir, et sous mes beaux ombrages
　　Je ne vous oublirai jamais.

III.

EPITRE A MAITRE ADAM.

Joyeux épicurien, menuisier de Nevers,

C'est à vous que je veux adresser quelques vers.

Les vers ne vous sont pas un étrange langage;

Au sommet d'Hélicon, dans le sacré bocage,

Maître Adam a prouvé, par ses doctes chansons,

Que d'une Muse aimable il reçut les leçons.

Vous recueillez le fruit de votre heureuse audace,

Et vous êtes chez vous moins connu qu'au Parnasse.

Cependant le public vous reproche un défaut:

Vous étiez, nous dit-il, ivrogne ou peu s'en faut,

Et ne faisiez jamais résonner votre lyre

Qu'aux accès vaporeux d'un bachique délire.

Il est, certes, permis d'aimer un bon repas;

Mais le titre d'ivrogne est fâcheux ici-bas.

Eh! qu'importe, après tout, ce renom qu'on vous donne?

Horace vous sourit, Apollon vous pardonne,
Et vous goûtez près d'eux le nectar si vanté
Promis aux favoris de l'immortalité.

Vous êtes étonné de ce début critique,
Et peut-être craignez la censure caustique
De quelque Lycanthrope, ennemi des plaisirs :
Détrompez-vous, mon cher ; aux folâtres loisirs
Je suis loin, croyez-moi, de déclarer la guerre ;
J'ai même au dieu Bacchus sacrifié naguère ;
(Je ne me pique point du titre de dévot)
Et je suis, comme vous, un Virgile au rabot.
— « Fort bien, me direz-vous, touchez là, cher confrère ;
» Je redoutais déjà ce ton froid et sévère
» Qui, fort mal à propos, règne dans votre écrit.
» Seriez-vous dominé par le malin esprit ?
» Morbleu ! de mon vivant j'aurais fait rire un diable !
» Au fait, à quoi nous sert cette humeur intraitable,
» Qui mène tristement de la haine à l'ennui ?
» Ma foi, vivons heureux, sans nous mêler d'autrui.
» Du chantre Nivernais c'est la philosophie,
» Bacchus est le seul dieu pour qui je sacrifie ;

» Il m'a fait, il est vrai, passer tant d'heureux jours !

» Mais quittons ce chapitre et changeons de discours.

» Puisque vous possédez cet aimable langage.

» Dont les dieux aux mortels ont enseigné l'usage,

» Faites-moi le récit des comiques abus

» De ce monde bisarre où je n'existe plus.

» De mon temps, la Fortune était en renommée :

» Tout le reste n'était qu'une vaine fumée ;

» Peut-être que le temps, de sa puissante main,

» Aura bien amendé ce pauvre genre humain. »

— Amendé ? point du tout ; je veux que l'on m'assomme

Si le plus fortuné n'est le plus honnête homme :

Il peut l'être ; et, s'il l'est, on doit en faire cas ;

Mais certes, mon ami, souvent il ne l'est pas.

Je reviens cependant au sujet qui vous touche.

J'aurais bien désiré savoir de votre bouche

L'effet qu'ont ici-bas produit vos premiers vers.

Sans doute on vous blâma de ce noble travers ;

Vingt grimauds, à l'envi, crièrent au scandale ;

Et vous, épouvanté de la sotte cabale,

Vous fîtes le serment, prompt à vous désarmer,

De quitter le Parnasse et de ne plus rimer.

Cependant ce bon vin qui faisait vos délices,

Et dont par fois aussi j'amuse mes caprices,

Ce breuvage charmant, ce nectar enchanté

Où l'on puise à grands flots la joie et la santé,

Vous fit bientôt enfreindre un serment téméraire

Qui fermait à vos pas le monde littéraire;

Et, votre Muse enfin ayant repris la voix,

L'Hélicon retentit de cent couplets grivois.

Telle est, à ce qu'on dit, à peu-près votre histoire.

Quant à moi, je ne puis me dispenser d'y croire,

En voyant, trait pour trait, dans ce petit propos,

L'accueil que j'ai reçu des méchants et des sots.

Comment nous sommes-nous attiré tant de haine,

Nous, qu'un secret penchant à l'indulgence entraîne

Nous, dont l'heureux talent ne s'est jamais permis

Un seul couplet malin contre nos ennemis?

(Et Dieu sait si pour nous facile était la chose!)

Il est vrai que vingt fois, soit en vers, soit en prose,

D'un vertueux courroux justement transporté,

J'ai flétri les méchants qui m'ont persécuté.

Mais ces divers écrits sont encore un mystère :
Je tiens à conserver ce noble caractère
Qui pardonne à l'injure, et ne réplique pas
A ces gens importants dont il fait peu de cas.
Aussi je n'irai point, avilissant ma lyre,
Châtier ces messieurs du fouet de la satire,
Et, souillant de leurs noms deux ou trois de mes vers,
M'exposer par vengeance à de nouveaux revers.
Mon repos, Dieu le sait, n'eut que trop à s'en plaindre !
Je puis les mépriser, mais j'appris à les craindre.
Je suis, à les entendre, un sauvage, un sournois
Qu'on surprend nuit et jour à roder dans les bois ;
Un fantasque ennuyeux singeant le misanthrope ;
Un chansonnier manqué, poète à la varlope,
Et qui, bouffi d'orgueil avec ces défauts là,
Se croit assurément plus d'esprit qu'il n'en a.
Vous voyez que mon sort du vôtre peu diffère :
Les sots, ainsi qu'à vous, m'ont déclaré la guerre ;
Et pourquoi ? pour avoir, dans ma témérité,
Préféré la nature à leur société ;
Satisfait, en vivant selon ma fantaisie,
De cultiver en paix l'aimable poésie.

Pourtant n'allez pas croire, au mépris du bon sens,
Que mes persécuteurs soient nombreux et puissans :
Leur nombre est, grâce au ciel, égal à leur génie.
Oh ! que, loin d'insulter à ma métromanie,
Un nombre bien plus grand et plus instruit cent fois
M'excite, m'applaudit du geste et de la voix !
Et je reculerais, fort d'un pareil suffrage ?
Non, non, mon cher Adam, j'aurai votre courage :
Du talent de rimer le ciel nous a fait don,
Il ne doit pas rester dans un lâche abandon.
J'ai peine à concevoir la ridicule audace
Qui prétend nous fermer le chemin du Parnasse.
Si nos vers sont le fruit d'un noble sentiment,
Pourquoi nous envier ce doux amusement,
Ce délire enchanteur dont notre ame est ravie ?
Tant d'êtres, sous le ciel, abusent de la vie !

Je sais qu'un préjugé, renié d'Apollon,
Nous défend d'aborder au fabuleux vallon.
Tous deux dans un état voisin de l'indigence,
Qui peut nous supposer assez d'intelligence,
Assez favorisés de ce feu créateur

Qui dévore un amant, un poète, un auteur,

Pour créer, en marchant sur les plus nobles traces,

Un écrit avoué par le goût et les grâces?

Cependant, mille fois, Mars, Apollon, Thémis

Ont choisi parmi nous leurs plus chers favoris;

La pauvreté n'est pas une Muse nouvelle;

Horace, comme nous, fut inspiré par elle;

Et ce Chantre fameux, roi de l'antiquité,

Se nourrissait du pain de la mendicité!

Comment, mon vieil ami, peut-on nous faire un crime

D'embellir nos pensers du charme de la rime?

Sans doute on ne voit pas dans nos humbles écrits

Ce bon ton, ces grands traits qui donnent tant de prix

Aux accords merveilleux des maîtres de la lyre;

Nous ne possédons pas cet art brillant d'écrire,

Qui captive le goût des plus doctes censeurs;

Mais, amans assidus des immortelles Sœurs,

Sans veilles, sans efforts, notre verve féconde

En couplets, en rondeaux, en vers malins abonde;

Et jamais nos refrains, maussades ou joyeux,

A l'auguste vertu n'ont fait baisser les yeux;

Et pour deux artisans, poètes de province,

Oh ! ce n'est déjà pas un mérite si mince ?

Nous avons, en cela, rempli notre devoir :

La vertu fut toujours au-dessus du savoir ;

C'est vous qui l'avez dit au sein de l'indigence.

Vous remarquez sans doute avec quelle indulgence

Ma Muse, à votre égard, est prodigue en douceurs,

Tandis que bien des gens, soi-disant connaisseurs ,

Mêlant à leurs propos des souris ironiques ,

Diront : voilà des vers diablement prosaïques !

Ils le sont, j'en conviens ; mais ils le sont exprès ;

Ne faut-il pas, morbleu ! leur choisir le français ?

Comme le fit naguère un faiseur d'éloquence ,

Dans un certain conseil.... j'en ris lorsque j'y pense ;

De vous en dire plus il ne m'est pas permis ;

Je travaille pour vivre, et j'ai besoin d'amis.

IV.

TRADUCTION LIBRE DE L'ODE D'HORACE,

DIFFUGÉRE NIVES.

Ode VII, Livre IV.

Le sombre hiver a fui ; déjà, sur la verdure
    Ainsi que dans les bois,
Mille êtres caressans suivent de la nature
    Les amoureuses lois.

Ce fleuve impétueux qui par d'affreux ravages
    A signalé son cours,
Aujourd'hui retiré dans ses premiers rivages,
    Nous promet d'heureux jours.

Sur le gazon naissant les Grâces demi-nues,
    Par des liens de fleurs
Enchaînent en riant les Nymphes ingénues,
    Ou conduisent des chœurs.

Le temps qui nous ravit beauté, plaisirs, jeunesse,
    Semble nous avertir
Que, soumis au tribut de l'humaine faiblesse,
    Il nous faudra mourir.

Les frimas ont cessé; Zéphir de son haleine
    Caresse nos jardins,
Bientôt l'été brûlant va dévorer la plaine
    Et tarir nos bassins.

La liqueur de l'automne, inspirant le délire,
    Nous dictera des vers ;
Puis, les tristes frimas, reprenant leur empire,
    Glaceront l'univers.

Il n'en est pas ainsi de l'homme, roi du monde ;
    Le Dieu du noir séjour,
Quand on est descendu dans sa grotte profonde,
    N'offre point de retour.

Nous vivons aujourd'hui ; quel est le téméraire
    Qui, dupe d'un transport,

Croit dans son fol orgueil n'être point tributaire
    De l'inflexible mort ?

Ah ! du jour qui s'enfuit sachons goûter les charmes,
    Savourons le plaisir,
Avant qu'un héritier, mouillé de feintes larmes,
    Vienne tout nous saisir.

Dès que le souverain de l'empire des ombres
    Nous tiendra sur ses bords,
Fléchirons-nous le dieu de ces royaumes sombres
    Par nos tendres accords ?

Ah ! ne l'espérons pas ; Diane, qu'on encense
    Même au divin séjour,
En faveur d'Hippolyte employa sa puissance
    Sans lui rendre le jour.

Et Thésée, autrefois fier compagnon d'Alcide,
    Ne put rompre les fers
De son fidèle ami, qu'un destin homicide
    Fit descendre aux enfers.

V.

LA JEUNE FILLE ESPAGNOLE.
(IMITATION).

Il est bien que la jeune fille,
Taille svelte et seize ans au plus,
Soit l'ornement de sa famille
Par ses attraits et ses vertus.
Il est bien qu'en elle repose
Ce qui charme tous les humains,
De beaux yeux noirs, un teint de rose,
Cheveux d'ébène et blanches mains.

Il est bien que sur son passage
Se presse une foule d'amans ;
Mais la jeune fille est trop sage
Pour écouter leurs doux sermens !
Elle sait, doucement sévère,
Les éconduire sans affront,
Et n'aime que son vieux grand-père,
Bon vieillard qui la baise au front.

Il est bien, quand la nuit est belle
Et le château silencieux,
Qu'elle monte sur la tourelle
Pour admirer l'azur des cieux.
Souvent elle songe aux reliques,
A l'Eternel, à ses desseins,
Aux anges, aux divins cantiques,
Aux harpes d'or des Séraphins.

Un jour, devant les embrasures
De ce manoir en vétusté,
Un guerrier, couvert de blessures,
Demande l'hospitalité :
C'est Gérard, si connu des belles,
Et dont l'héroïque ferveur
A combattu les infidèles
Au divin tombeau du Sauveur.

Il est bien que la jeune fille,
Dans un salon riche et boisé,
Offre, c'est l'usage en Castille,
Un lit de repos au Croisé.

Il est bien que, vive à l'extrême,
L'innocente, soir et matin,
Vienne s'informer elle-même
De la santé du Paladin.

Chaque jour sa bouche enfantine,
Par le guerrier jeune et courtois,
Des Chrétiens dans la Palestine
Se fait raconter les exploits.
Le teint frais, Gérard se dispose
A reprendre enfin son essor ;
Mais le bon vieillard lui propose
De demeurer huit jours encor.

Il est bien qu'à la promenade,
Dans le parc ou sur le rempart,
La jeune vierge en sa ballade
Chante les regrets du départ.
Il est bien qu'à sa voix légère
Le Croisé mêle ses accens,
Et que le vieillard, en bon père,
Sourie à leurs jeux innocens.

Il est minuit, le ciel est sombre,

Le bocage est silencieux,

Le manoir est plongé dans l'ombre,

Et Gérard a fait ses adieux.

Tandis qu'aucun flambeau ne brille

Et que tout repose à l'entour,

Il est bien que la jeune fille

S'élance au sommet de la tour.

Mais là, qu'à genoux sur la pierre

Elle pleure son abandon ;

Et qu'après une humble prière

Au Dieu qui donne le pardon,

Elle tombe, et soit la pâture

D'un troupeau de loups en fureur ;

C'est bien : car, faible créature,

La vierge a forfait à l'honneur !

FIN.

TABLE

Des Matières.